"MISERICORDIOSOS COMO O PAI"

(Cf. Lc 6,36)

SERVIÇO DE ANIMAÇÃO BÍBLICA – SAB

"MISERICORDIOSOS COMO O PAI"

(Cf. Lc 6,36)

Subsídio bíblico para o
Ano Jubilar da Misericórdia

Direção-geral: *Maria Bernadete Boff*
Editora responsável: *Maria Goretti de Oliveira*
Elaboração dos textos: *Zuleica Aparecida Silvano* (introdução, primeiro, terceiro, quinto e nono encontro e a celebração); *Romi Auth* (segundo, sexto e oitavo encontro); *Elisabete Corazza* (quarto e sétimo encontro).
Copidesque: *Cirano Dias Pelin*
Coordenação de revisão: *Marina Mendonça*
Revisão: *Sandra Sinzato*
Gerente de produção: *Felício Calegaro Neto*
Capa e editoração eletrônica: *Manuel Rebelato Miramontes*
Imagem da capa: *Bartolomé Esteban Murillo*

Para outras informações, dirija-se ao
Serviço de Animação Bíblica – SAB
Av. Afonso Pena, 2142 – Bairro Funcionários
30130-007 – Belo Horizonte – MG
Tel.: (31) 3269-3737
sab.contato@paulinas.com.br

1ª edição – 2015
1ª reimpressão – 2016

Nenhuma parte desta obra poderá ser reproduzida ou transmitida por qualquer forma e/ou quaisquer meios (eletrônico ou mecânico, incluindo fotocópia e gravação) ou arquivada em qualquer sistema ou banco de dados sem permissão escrita da Editora. Direitos reservados.

Paulinas
Rua Dona Inácia Uchoa, 62
04110-020 – São Paulo – SP (Brasil)
Tel.: (11) 2125-3500
http://www.paulinas.org.br – editora@paulinas.com.br
Telemarketing e SAC: 0800-7010081
© Pia Sociedade Filhas de São Paulo – São Paulo, 2015

SUMÁRIO

Introdução 7

Texto de aprofundamento para o 1º Encontro
Materno Pai misericordioso 13

1º Encontro
O rosto misericordioso de Deus 18

Texto de aprofundamento para o 2º Encontro
Perdoar de coração para ser perdoado 24

2º Encontro
Perdoai-nos como nós perdoamos 27

Texto de aprofundamento para o 3º Encontro
A mulher que muito amou! 33

3º Encontro
"Tua fé te salvou. Vai em Paz!" 37

Texto de aprofundamento para o 4º Encontro
A Festa da Misericórdia 44

4º Encontro
O Pai misericordioso 47

Texto de aprofundamento para o 5º Encontro
Jubileu: o anúncio da Boa-Nova aos pobres ... 53

5º Encontro
Proclamai um ano da Misericórdia do Senhor! 56

Texto de aprofundamento para o 6º Encontro
A consciência da corresponsabilidade 63

6º Encontro
Próximo é aquele(a) que precisa de nós 67

Texto de aprofundamento para o 7º Encontro
Na solidariedade somos misericordiosos 74

7º Encontro
A manifestação do amor solidário 77

Texto de aprofundamento para o 8º Encontro
A presença de Jesus dissipa o medo 84

8º Encontro
Perdoar ou reter os pecados? 87

Texto de aprofundamento para o 9º Encontro
Maria: a Mãe da Misericórdia 94

9º Encontro
Magnificat: o canto da Misericórdia divina 98

Celebração de encerramento
Louvemos a Deus por sua Misericórdia 105

INTRODUÇÃO

O Ano Jubilar Extraordinário da Misericórdia,[1] convocado pelo Papa Francisco de 8 de dezembro de 2015 a 20 de novembro de 2016, tem como tema "Misericordiosos como o Pai" (cf. Lc 6,36). Para o Papa Francisco, *Misericórdia* "é a palavra que revela o mistério da Santíssima Trindade", "é o ato último e supremo pelo qual Deus vem ao nosso encontro", "é a lei fundamental que mora no coração de cada pessoa" e "é o caminho que une Deus e o homem, porque nos abre o coração à esperança de sermos amados para sempre".[2]

Por essa razão o Serviço de Animação Bíblica (SAB) oferece este subsídio como uma contribuição para celebrar o Ano Jubilar da Misericórdia. Nele meditaremos alguns textos bíblicos mencionados na Bula de Proclamação do Jubileu "O Rosto da Misericórdia", priorizando o Evangelho segundo Lucas conforme o Ano Litúrgico, a fim de perceber na Sagrada Escritura a Misericórdia como "palavra-chave para indicar o agir de Deus para

---

[1] Informações sobre o Ano Jubilar e o seu desenvolvimento poderão ser acessadas no *website* oficial do Jubileu, disponível em: <http://www.iubilaeummisericordiae.va/content/gdm/pt.html>. Elas também estão presentes no folheto elaborado por V. I. BOMBONATTO. *Ano Santo da Misericórdia:* jubileu extraordinário promulgado pelo Papa Francisco (São Paulo: Paulinas, 2015).

[2] Cf. PAPA FRANCISCO. *Misericordiae Vultus* (O Rosto da Misericórdia). Bula de Proclamação do Jubileu Extraordinário da Misericórdia. São Paulo: Paulinas, 2015. § 2.

conosco. Ele não se limita a afirmar o seu amor, mas torna-o visível e palpável".[3]

Nosso subsídio

Este subsídio é formado por nove encontros e uma celebração conclusiva, em forma de Círculos Bíblicos, para ser utilizado por grupos, nas pastorais, ou por pessoas interessadas em aprofundar o tema da Misericórdia durante este ano jubilar.

O *primeiro encontro* faz-nos redescobrir a face misericordiosa de Deus descrita em Ex 34,1-9, quando o Senhor se autorrevela a Moisés após a infidelidade do povo ao fabricar um "bezerro de ouro" e o pedido de perdão de Moisés pela ruptura da Aliança.

O lema escolhido para o Ano Jubilar da Misericórdia, extraído de Lc 6,36-38, e o perdão presente em Mt 18, 21-35 serão meditados no *segundo encontro*.

Os temas da Misericórdia de Deus e da libertação dos pecados estruturais e sociais que geram preconceitos, discriminação e exclusão serão aprofundados no *terceiro encontro* à luz de Lc 7,36-50. Esse texto enfatiza o perdão de Deus em Cristo e a resposta da mulher que "muito amou".

A parábola presente em Lc 15,11-32 será o texto central do *quarto encontro*, ressaltando o processo de conversão e de acolhimento do Amor materno de Deus Pai.

---

[3] Ibid., § 9.

No *quinto encontro* mencionaremos a celebração do Jubileu em Lv 25 e Is 61,1-11, visto que estão presentes em Lc 4,14-30, sintetizando a missão pública de Jesus na Galileia. O relato é marcado pela presença de Jesus na sinagoga e tem como foco central a proclamação da Boa-Nova aos pobres, da libertação aos presos e da salvação para todos.

A Misericórdia e a corresponsabilidade serão os temas centrais do *sexto encontro*, à luz de Lc 10,25-37. Misericórdia, Justiça e Solidariedade são os temas do nosso *sétimo encontro*, no qual aprofundaremos Mt 25, 31-46, que nos exorta ao verdadeiro seguimento de Jesus Cristo, que se expressa na nossa atenção aos excluídos e marginalizados. Neste encontro abordaremos as obras de Misericórdia corporal e espirituais.

No *oitavo encontro* refletiremos sobre a narrativa da aparição de Jesus Ressuscitado aos Onze em Jo 20,19-23. Nesse relato Jesus concede a verdadeira Paz, fruto do Espírito, e envia os apóstolos para a missão de também perdoar os pecados.

No *último encontro* contemplaremos a presença de Maria, a Mãe da Misericórdia, em dois textos significativos: o *Magnificat* (Lc 1,46-55), no qual a Mãe de Jesus agradece a Deus por sua Misericórdia em toda a História da Salvação, e Maria ao pé da cruz (Jo 19,25-27), como testemunha do perdão incondicional do Filho de Deus.

Para concluir, nosso subsídio oferece uma celebração penitencial, tendo como texto iluminador a exortação do Apóstolo Paulo em Rm 12,1-21.

Desse modo, desejamos que este subsídio possa contribuir para atingir o objetivo proposto pelo papa: "Neste Ano Jubilar, que a Igreja se faça eco da Palavra de Deus que ressoa, forte e convincente, como uma palavra e um gesto de perdão, apoio, ajuda, amor".[4]

Orientações práticas

O(A) animador(a) do grupo de estudo é convidado(a) a:

- Providenciar o material, para *preparar o ambiente* para os encontros. As sugestões de símbolos serão indicadas no início de cada reunião.

- Verificar se os cantos são conhecidos ou escolher outros mais apropriados para o grupo.

- Ler antecipadamente o texto de aprofundamento e os textos bíblicos e solicitar ao grupo a leitura do(s) mesmo(s).

- Quanto às perguntas nas seções "Ver o texto de perto" e "Trazer o texto para perto de nós", poderão ser escolhidas aquelas que mais se adequarem ao grupo.

- A oração oficial do Ano Jubilar da Misericórdia encontra-se na contracapa do livro e poderá ser rezada quando for conveniente.

---

[4] Ibid., § 25.

Referência bibliográfica específica

BEM-AVENTURADOS OS MISERICORDIOSOS. São Paulo: Comep, 2015. 1 CD.

BOMBONATTO, Vera I. *Ano santo da Misericórdia;* jubileu extraordinário promulgado pelo Papa Francisco. São Paulo: Paulinas, 2015.

PAPA FRANCISCO. *Misericordiae Vultus* (O Rosto da Misericórdia). Bula de Proclamação do Jubileu Extraordinário da Misericórdia. São Paulo: Paulinas, 2015.

TURRA, Luiz. *Felizes os misericordiosos;* refletir, rezar, cantar e viver a misericórdia. São Paulo: Paulinas-COMEP, 2015. (Acompanha CD com músicas inéditas sobre a Misericórdia.)

Bibliografia complementar

ALEIXANDRE, D. *Bem-aventurados sois...* Memória de duas discípulas. São Paulo: Paulinas, 2008.

AZEVEDO, W. I. de. *Como e por que se confessar?* São Paulo: Paulinas, 2011.

_____. *Festa do perdão;* subsídio para a catequese de iniciação cristã. São Paulo: Paulinas, 2012.

CALVO, E. de Lima. *Sete passos para a cura da alma.* São Paulo: Paulinas, 2014.

CASTRO, C. de. *Setenta e sete vezes;* o caminho do perdão. São Paulo: Paulinas, 2007.

DANESE, A.; DI NICOLA, G. P. *O dom do perdão;* possibilidades para a sociedade e a família. São Paulo: Paulinas, 2014.

DANIEL-ANGE. *O perdão;* misericórdia e cura. São Paulo: Paulinas, 2007.

HALÍK, T. *Paciência com Deus.* Oportunidade para um encontro. São Paulo: Paulinas, 2015.
JOÃO PAULO II. *O sacramento da penitência;* sete alocuções e uma carta apostólica de João Paulo II. São Paulo: Paulinas, 1997.
MYRE, A. *Ver a Deus pelas costas.* São Paulo: Paulinas, 2004.
MOREIRA, G. L. *Lucas e Atos;* uma teologia da história. Teologia Lucana. São Paulo: Paulinas, 2004. (Coleção Bíblia em Comunidade. Teologias bíblicas, 12).
PAPA FRANCISCO. *A Igreja da Misericórdia;* minha visão para a Igreja. São Paulo: Paralela, 2014.
RUPNIK, M. I. *O exame de consciência;* para viver como remidos. São Paulo: Paulinas, 2004.
SOARES, A. M. L. *De volta ao mistério da iniquidade.* Palavra, ação e silêncio diante do sofrimento e da maldade. São Paulo: Paulinas, 2012.
SOARES, P. S. *Iniciativa de Deus e corresponsabilidade humana.* Teologia da graça. São Paulo: Paulinas, 2004. (Coleção Bíblia em Comunidade. Teologias bíblicas, 3).
ŠPIDLÍK, T. *A arte de purificar o coração.* São Paulo: Paulinas, 2005.
TAIZÉ, Roger de. *Deus só pode amar.* São Paulo: Paulinas, 2003.
VIRGILI, R.; CANCIAN, D.; FISCHELLA, R. *et alii. Misericórdia;* face de Deus e da nova humanidade. São Paulo: Paulinas, 2006.

Texto de aprofundamento para o 1º Encontro

Materno Pai misericordioso

Dentre os vários textos que revelam o rosto misericordioso de Deus no Antigo Testamento, escolhemos Ex 34,1-9, por sintetizar os atributos divinos e por desvelar um Deus misericordioso, pleno de ternura, não um Deus violento, cruel, um juiz implacável, como alguns afirmam ao se referirem à revelação de Deus no Antigo Testamento.

Ex 34,1-9 liga-se aos capítulos 32-33, quando Moisés permanece quarenta dias na montanha para receber as instruções para manutenção da tenda do encontro, na qual Deus estaria presente no meio do povo. O povo, contudo, diante da sensação da ausência de Deus e do seu líder Moisés (Ex 32,1.23), fabrica e adora um "bezerro de ouro". O "bezerro de ouro" representa a infidelidade do povo, a rejeição do Deus Vivo e Verdadeiro e a sua substituição por um deus manipulável, estático, aprisionado dentro dos esquemas humanos. Essa infidelidade provocou a ira de Deus, que promete castigar o povo, porém desiste do castigo em virtude da intervenção de Moisés (Ex 32,7-14).

Nesse contexto deparamo-nos com Ex 34,1-3, em que Deus decide dar uma nova chance e recomeçar uma história de amor com o povo que lhe fora infiel. Após receber as novas instruções para se preparar para o encontro com

Deus[5] na montanha do Sinai, Moisés executa-as providenciando tábuas de pedra (Ex 34,4) a fim de que Deus novamente pudesse escrever os mandamentos, visto que as primeiras tábuas foram quebradas por Moisés diante do pecado do povo, narrado em Ex 32,19. Um gesto que expressava a ruptura da Aliança entre Deus e o povo.

Em Ex 34,5, Deus desce e vem ao encontro de Moisés numa nuvem. A nuvem é sinal da presença e do mistério de Deus. Nesse cenário Moisés invoca o nome do Senhor, suplicando o seu auxílio. O "nome" designa a presença de Deus e o exaltar da sua glória e da sua santidade. O v. 6 relata-nos a realização da promessa de Deus de revelar sua bondade em Ex 33,19-23. A revelação de Deus presente nesse versículo é citada em Joel, Jonas, Naum, Neemias e em alguns salmos.[6]

Deus identifica-se com o nome revelado a Moisés em Ex 3,14, o Tetragrama,[7] reafirmando a promessa da sua presença misericordiosa no meio do povo. O primeiro atributo agregado ao nome pode ser traduzido tanto por "terno misericordioso" como "compassivo", expressa um amor visceral e exprime a certeza de um Deus sempre disposto a perdoar e a amar sem impor condições (Mq 7,18-19).

---

[5] Nota-se uma relação estreita entre Ex 34,1-3 e Ex 19,9-15.

[6] Cf. Jl 2,13; Jn 4,2; Ne 9,17.31; Na 1,3 e Sl 86,15; 103,8; 111,4 e 145,8.

[7] Tetragrama são as quatro consoantes que formam o nome de Deus revelado a Moisés (JHWH); não é pronunciado, em respeito à santidade de Deus, e é traduzido por "Senhor".

O segundo pode ser traduzido pelas palavras "benevolência", "ser clemente", "solícito". É a atitude de Deus que ama gratuitamente e que vem ao encontro do pobre, do aflito, ouve o seu clamor e o liberta.[8] O terceiro afirma que Deus é "lento para a cólera", quer dizer que ele é paciente, tolerante (Jr 15,15c). Isso é constatado na experiência do povo de que, apesar de suas infidelidades, Deus continua sempre estendendo a sua mão, dando mais uma chance, esperando que o povo retorne e acolha a sua infinita bondade.

Os dois últimos atributos – "rico em bondade" e "fiel" – não exprimem uma ideia, mas uma ação concreta realizada gratuitamente. A expressão "rico em bondade" ou "pleno de graça" está relacionada com a "Misericórdia" e é utilizada diante de uma atitude e ação constante de solidariedade. Não é um ato isolado, mas algo que perdura. Quando é atribuído a Deus, normalmente é para lhe agradecer por ter salvado e por continuar salvando o seu povo e para proclamar o seu constante perdão diante da infidelidade do povo.

Se o v. 7 for mal interpretado ou mal traduzido, toda a abundância de amor expresso no v. 6 fica, de certa forma, restrita. De fato, algumas traduções optam não pelo verbo "visitar" na frase "*visita* a iniquidade dos pais nos filhos e nos filhos dos filhos, até a terceira e quarta geração", mas pelo verbo "punir". O verbo "visitar", utilizado nesse texto, expressa a vinda de Deus como um acontecimento pleno de ternura (Gn 50,24) e, portanto, deseja reafirmar a Misericórdia de Deus. Apesar de Deus

---

[8] Cf. Ex 3,7-8a e 2Cr 30,9; Ne 9,17b.31.

não apagar o que foi realizado, visto que o mal foi feito e não pode ser cancelado, ele perdoa. Outro elemento que é necessário sublinhar é que a iniquidade continua nos filhos se eles, recebendo-a dos pais, a mantêm (Ex 20,5-6); o pecado não é imputado de forma automática. Percebe-se também a disposição de Deus perdoar na desproporção presente neste versículo, pois ele visita a iniquidade até a quarta geração, mas a sua Misericórdia perdura por mil gerações.

Desse modo, Deus nos convida sempre a experimentar o seu imenso amor e está pronto a vir ao nosso encontro, pois, como afirma o Sl 136, "eterna é a sua Misericórdia". No entanto, é necessário que o ser humano reconheça as suas infidelidades e se disponha a retornar e ir ao encontro desse materno Pai misericordioso (Ex 34,9).

O papa nos recorda ainda que "a Misericórdia possui uma valência que ultrapassa as fronteiras da Igreja",[9] visto que esse aspecto é importante para nós, cristãos, para o Judaísmo e também para o Islamismo. Como vimos ao estudar Ex 34,1-9, a Misericórdia é um atributo de Deus para o Judaísmo e permeia toda a sua História. Para o Islamismo, é um dos nomes divinos. Os mulçumanos acreditam numa Misericórdia sem limites, que os acompanha diariamente e os sustenta.

---
[9] PAPA FRANCISCO. *Misericordiae Vultus* (O Rosto da Misericórdia). Bula de Proclamação do Jubileu Extraordinário da Misericórdia. São Paulo: Paulinas, 2015. § 23.

Neste Jubileu, como diz o papa, "deixemo-nos surpreender por Deus. Ele nunca se cansa de escancarar a porta do seu coração, para repetir que nos ama e deseja partilhar conosco a sua vida".[10]

---

[10] Ibid., § 25.

1º Encontro

O ROSTO MISERICORDIOSO DE DEUS

PREPARAÇÃO DO AMBIENTE

Colocar em destaque uma Bíblia aberta, uma vela acesa e faixas com as palavras: misericordioso, benevolente, clemente, lento para a ira, cheio de bondade, ternura, compassivo, paciente, fiel.

1. ACOLHIDA E CANTO

Irmãs e irmãos, bem-vindos. Hoje iniciamos o nosso encontro de reflexão sobre "o rosto misericordioso de Deus" dentro da celebração deste Ano Jubilar. Comecemos agradecendo a Deus por seu infinito amor, cantando:[1]

A ti, meu Deus, elevo meu coração,
elevo as minhas mãos,
meu olhar, minha voz.
A ti, meu Deus, eu quero oferecer,

---

[1] FREI FABRETTI. A ti meu Deus. CD: *Tua palavra permanece*. Paulinas-COMEP. Partitura disponível em <http://www.paulinas.org.br/pub/partitura/P1200900106.pdf>. Acesso em: 12 out. 2015.

meus passos e meu viver,
meus caminhos, meu sofrer.

A tua ternura, Senhor, vem me abraçar.
A tua bondade infinita, me perdoar.
Vou ser o teu servidor e te dar o meu coração.
Eu quero sentir o calor de tuas mãos.

A ti, meu Deus, que és bom e que tens amor,
ao pobre e ao sofredor, vou servir e esperar.
Em ti, Senhor, humildes se alegrarão,
cantando a nova canção, de esperança e de paz.

2. ORAÇÃO

Senhor, nosso Deus, Materno Pai Compassivo, abri o nosso coração para acolher a vossa infinita bondade, para que, plenificados com vosso amor, realizemos fielmente a vossa vontade e manifestemos com a nossa vida a vossa Misericórdia. Por nosso Senhor Jesus Cristo, vosso Filho, e em comunhão com o Espírito Santo. Amém!

3. SÍMBOLOS

Somos convidados a olhar, com calma, estes símbolos aqui presentes e escolher um destes atributos divinos. Após um momento de reflexão, podemos compartilhar: Por que escolhi este atributo de Deus?

(Partilha.)

4. INTRODUÇÃO À LEITURA

O texto de Ex 34,1-9 revela-nos a face misericordiosa de Deus após a infidelidade do povo ao fabricar e adorar um "bezerro de ouro", rompendo a sua Aliança com Deus e rejeitando o Deus Vivo e Verdadeiro. Nesse texto Deus revela a sua Misericórdia, que perpassa toda a história da salvação e a sua bondade, que prevalece sobre o castigo e a destruição.

5. CANTO DE ACLAMAÇÃO DA PALAVRA[2]

Misericordioso é Deus, sempre, sempre eu cantarei! (3x)

6. LEITURA: Ex 34,1-9

7. VER O TEXTO DE PERTO

- Quais são os atributos de Deus presentes em Ex 34,6? Quais são os seus significados?
- Que imagem de Deus Ex 34,6 nos apresenta?
- Como podemos entender a frase presente em Ex 34,7?
- Qual é a relação entre Ex 34,1-3 e Ex 32,15-20?

---

[2] TAIZÉ. *Misericordioso é Deus.* In: CARPANEDO, P. (org.). *Refrões meditativos.* Suplemento 1 do Ofício Divino das Comunidades. Cabreúva: Apostolado litúrgico, 2003. p. 12.

8. CANTO

Misericordioso é Deus, sempre, sempre eu cantarei! (3x)

9. TRAZER O TEXTO PARA PERTO DE NÓS

- Para você, quem é Deus? Onde você o encontra? Como ele se manifesta em sua vida?

- Que imagem nós temos de Deus? Ele é realmente um Deus misericordioso, compassivo, ou um juiz implacável, controlador absoluto, vingativo, ou um Deus a serviço do meu egoísmo, um Deus "quebra--galho" ou "tapa-buraco"?

- Acreditar num Deus compassivo, misericordioso para conosco, não é tão difícil, mas que sentido tem para minha vida a invocação de Deus como misericordioso e compassivo para com todos, sem distinção?

- Como é possível favorecer o diálogo com o Judaísmo, o Islamismo e outras tradições religiosas para melhor nos conhecer, compreender e eliminar toda forma de discriminação, como nos exorta o Papa Francisco?[3]

- No nosso modo de ser e agir anunciamos um Deus misericordioso, bondoso, compassivo?

---
[3] PAPA FRANCISCO. *Misericordiae Vultus* (O Rosto da Misericórdia). Bula de Proclamação do Jubileu Extraordinário da Misericórdia. São Paulo: Paulinas, 2015. § 23.

10. ORAÇÃO QUE BROTA DA PALAVRA

Agradecendo a Deus por seu amor misericordioso, rezemos alguns versículos do Sl 103, cantando no início e no fim o refrão:[4]

Bom é louvar o Senhor, nosso Deus,
Cantar salmos ao nome do Altíssimo;
Com alegria aclamar seu amor,
Sua glória, bondade e poder.

[1] Bendize, ó minha alma, ao Senhor,
E todo o meu ser, o seu santo nome!
[2] Bendize, ó minha alma, ao Senhor,
não esqueças nenhum dos seus benefícios!

[3] É ele quem perdoa todas as tuas faltas
E cura todos os teus males;
[4] Da sepultura ele salva a tua vida
E te cerca de carinho e compaixão

[8] O Senhor é misericordioso e compassivo,
lento para a cólera e cheio de amor
[10] Nunca nos trata conforme nossos pecados
Nem nos pune segundo nossas faltas.

11. NOSSO COMPROMISSO COM A PALAVRA

Cada participante poderá escolher um dos atributos de Deus que tem maior dificuldade em vivenciar no dia a dia (misericordioso, benevolente, clemente, lento para a

---

[4] BRASIL PEREIRA, Ney. *Bom é louvar o Senhor nosso Deus.* Partitura disponível em: <http://hinariodigital.com.br/hdpar/359.pdf>. Acesso em: 12 out. 2015.

ira, cheio de bondade, ternura, compassivo, paciente, fiel) e assumi-lo como um propósito durante este Ano Jubilar.

12. CANTO FINAL[5]

Meu Deus, como és grande! Imenso é teu Amor

1. À noite, ao ver o Céu, a lua e as estrelas, eu penso que criaste o mundo por amor. Pergunto quem sou eu pra Deus me amar assim.

2. Dos lábios das crianças, dos simples, dos humildes, recebes o louvor que sobe até os Céus, e mostras teu poder que vence pelo amor.

3. Tu me fizeste livre pra amar e ser feliz e me deste o poder de te chamar de Pai: que mais poderei ser do que filho de Deus?

13. LEMBRETE

Ler o texto de aprofundamento para o segundo encontro "Perdoar de coração para ser perdoado". É recomendável verificar e providenciar os materiais solicitados para o próximo encontro.

---

[5] RICCIARDI, Maria Luzia. Meu Deus, como és grande. CD: *Salmos*: Oração do povo a caminho. Paulinas-COMEP.

Texto de Aprofundamento para o 2º Encontro

Perdoar de coração para ser perdoado

O texto do Evangelho de Lucas começa com um apelo: "Sede misericordiosos como vosso Pai é misericordioso" (Lc 6,36). Esse é o lema do Jubileu proclamado pelo Papa Francisco. Neste ano, de modo especial, vamos refletir sobre a Misericórdia, esforçar-nos para praticar a Misericórdia com nós mesmos e com os outros. Misericórdia significa ter compaixão, acolher, perdoar, ajudar as pessoas em suas necessidades. O ideal que Jesus propõe aos cristãos é muito alto: "ser misericordioso como o Pai", para dizer-nos que a Misericórdia é sem limites. Somos convidados(as) a praticá-la de coração e com o coração de Deus. Não temos o direito de "tirar férias" de praticar a Misericórdia ou de selecionar as pessoas com as quais seremos misericordiosos e compassivos. Há um provérbio popular que diz: "Aos amigos tudo, aos inimigos a lei". Essa não é uma atitude cristã. Para que não houvesse dúvidas sobre o que é a Misericórdia, Jesus explicou em que consiste essa Misericórdia, a ser praticada sempre e em todo o lugar: não julgar, não condenar, mas sempre perdoar e dar a nossa ajuda com generosidade, sem mesquinhez, como o Pai, que é bom.

Mt 18,21-35 remete-nos a Lc 6,36-38 pelo tema do perdão sincero e nos ajuda, com um exemplo, a entender melhor o que significa sermos misericordiosos como o

Pai que está nos céus. A história que Jesus nos conta é a de um rei que resolveu acertar as contas com os servos. O primeiro servo chegou e lhe devia *cento e setenta e quatro mil quilos de ouro*, mas não tinha como pagar. O senhor ordenou que fossem vendidos ele, a mulher, os filhos e todos os bens para pagar a dívida. Ele, porém, ajoelhou-se a seus pés, suplicou-lhe um prazo maior e prometeu pagar-lhe a dívida. O senhor, compadecido, soltou-o e lhe perdoou tudo o que devia, porque ele o pedira.

Esse servo saiu e encontrou um dos seus companheiros, pegou-o pelo pescoço e insistia para que pagasse o que lhe devia: *menos de trinta gramas de ouro*. O companheiro, igualmente, suplicou-lhe um prazo maior, mas isso não lhe foi concedido; antes, foi preso. Os companheiros ficaram com muita pena e contaram para o senhor o que havia acontecido. O senhor, entristecido, chamou o servo e o repreendeu, dizendo: "Não devias também ter tido compaixão do teu companheiro como eu tive de ti?". E mandou prendê-lo até que pagasse toda a dívida. A conclusão de Jesus é: o Pai do céu agirá do mesmo modo com vocês se cada um não perdoar de coração ao seu irmão.

O Papa Francisco afirma: "A parábola contém um ensinamento profundo para cada um de nós. Jesus declara que a Misericórdia não é apenas um agir do Pai, mas torna-se o critério para individuar quem são os seus verdadeiros filhos. Em suma, somos chamados a viver de Misericórdia, porque, primeiro, foi usada Misericórdia para conosco. O perdão das ofensas torna-se a expressão mais evidente do amor misericordioso e, para nós, cristãos, é um imperativo de que não podemos prescindir".[1] Na parábola de Mateus, o servo experimentou a grande Misericórdia do senhor, foi perdoado de uma grande dívida e nada aprendeu do coração bondoso do senhor. Ele agiu não como filho do Pai misericordioso, nem irmão de verdade, pois desejou fazer a justiça com as próprias mãos. Pode ser que nós já tenhamos vivido situações semelhantes à desse servo, nadando na Misericórdia de Deus, mas sendo duros com os outros, exigentes e intransigentes, como o servo que não perdoou a dívida a seu devedor.

O Papa Francisco continua: "Tantas vezes, como parece difícil perdoar! E, no entanto, o perdão é o instrumento colocado nas nossas frágeis mãos para alcançar a serenidade do coração. Deixar de lado o ressentimento, a raiva, a violência e a vingança são condições necessárias para se viver feliz [...]. E, sobretudo, escutemos a palavra de Jesus que colocou a Misericórdia como um ideal de vida e como critério de credibilidade para a nossa fé: 'Felizes os misericordiosos, porque alcançarão Misericórdia' (Mt 5,7) é a bem-aventurança em que devemos inspirar-nos, com particular empenho, neste Ano Santo".[2] O servo que usufruiu da grande Misericórdia do Pai ainda precisa aprender a exercer a sua pequena Misericórdia com o companheiro devedor. Mas o convite de Jesus permanece: "Sede misericordiosos como vosso Pai é misericordioso".

---

[1] PAPA FRANCISCO. *Misericordiae Vultus* (O Rosto da Misericórdia). Bula de Proclamação do Jubileu Extraordinário da Misericórdia. São Paulo: Paulinas, 2015. § 9.

[2] Ibid.

2º Encontro

PERDOAI-NOS COMO NÓS PERDOAMOS

PREPARAÇÃO DO AMBIENTE

Colocar um pano bonito, sobre ele expor a Bíblia aberta em lugar de destaque, a seu lado uma vela acesa, uma flor ou folhagem e, junto, duas bandejas: numa colocar uma aliança, fotos de famílias reunidas, imagens de pessoas trabalhando ou locais de trabalho, imagem de garrafas de bebidas ou de pessoas usando drogas e na outra um crucifixo, velas, imagem de Nossa Senhora, imagem de diferentes religiões ou tradições religiosas.

1. ACOLHIDA E CANTO

É com muita alegria que, em nossa casa, acolhemos cada um(a) de vocês que aceitaram o convite do Papa Francisco para refletirmos juntos sobre a Misericórdia e o perdão. *(Apresentar as pessoas que vêm pela primeira vez ao encontro.)*

Com alegria, cantemos:[1]

Só tu tens o poder de converter
E perdoar um coração

Somente o teu amor tem tal poder
Tocar um coração que andou errado

Livrar um pecador do seu pecado
Dar novo rumo ao coração que se perdeu

Se libertaste o coração de tanta gente
Também podes libertar o meu

Não há religião sem conversão
Não há Igreja sem perdão
Só pode confessar que te encontrou
Aquele que admite que pecou
Depois pediu perdão e perdoou
E resolveu voltar pra casa e ser de Deus

Mudaste tanto o coração que andou errado
Também podes transformar o meu

2. ORAÇÃO

Deus, Pai querido, como esse senhor da parábola, vós sois sempre cheio de Misericórdia e compaixão, perdoando os nossos pecados e as nossas faltas pequenas ou grandes quando, de coração arrependido, nos dirigimos a vós. Concedei-nos, ó Pai querido, que neste Jubileu alcancemos a Misericórdia e o perdão de todos os nossos

---

[1] PE. ZEZINHO. Só tu tens o poder. CD: *Em verso e em canção*. Cantores de Deus. Paulinas-COMEP. Partitura disponível em: <http://www.paulinas.org.br/pub/partitura/P1218000111.pdf>. Acesso em: 12 out. 2015.

pecados, passados e presentes. Por nosso Senhor Jesus Cristo, amém!

3. SÍMBOLOS

Olhemos para os símbolos que se encontram diante de nós. O que eles nos falam?

Qual deles chamou mais a minha atenção? Por quê?

Vivi alguma dificuldade ou experiência de falta de perdão ligada a algum desses símbolos? Justifique.

4. INTRODUÇÃO À LEITURA

Os dois textos que vamos ler neste encontro são do Evangelho segundo Lucas, sobre o Pai misericordioso, e do Evangelho segundo Mateus, sobre o servo que foi perdoado em sua enorme dívida e não foi capaz de perdoar um companheiro que lhe devia pouco. Mesmo tendo suplicado, não foi atendido, e parou na cadeia. Os companheiros informaram ao senhor o que o servo havia feito com o seu companheiro. O servo foi chamado pelo senhor, que o repreendeu e o colocou na cadeia com a mulher e os filhos, porque ele não tinha sido misericordioso com o companheiro, perdoando sua dívida. Observe as palavras de Jesus no final da parábola de Mateus: "É assim que o meu Pai que está nos céus fará convosco, se cada um não perdoar de coração ao seu irmão".

5. CANTO DE ACLAMAÇÃO DA PALAVRA

Peçamos luz ao Espírito Santo para que ele nos ilumine e trabalhe o nosso coração, às vezes endurecido como o deste servo, que não perdoou a dívida de seu companheiro por falta de Misericórdia: *A nós descei, divina luz.*

6. LEITURA: Lc 6,36-38 E Mt 18,21-35

7. VER O TEXTO DE PERTO

- Em que Jesus nos recomenda sermos como o Pai?
- Quais são as oposições que Jesus faz? Não julgueis para não serdes...; Não condeneis para não...; Perdoai e sereis...; Dai e vos... O que ele quis dizer com essas afirmações?
- No outro texto, o que Jesus contou para nós?
- Vocês aprovaram a atitude do primeiro servo? Por quê?
- O que Jesus quis dizer com a frase: "É assim que o meu Pai que está nos céus fará convosco, se cada um não perdoar de coração ao seu irmão"?

8. CANTO

Misericordioso é Deus, sempre, sempre eu cantarei.

9. TRAZER O TEXTO PARA PERTO DE NÓS

- Com qual das personagens eu mais me identifico: com o senhor, o primeiro servo ou o segundo servo? Justifique.
- Já vivi alguma situação semelhante a essa dos dois servos? Qual foi a minha atitude?
- O que significa perdoar de coração?

10. ORAÇÃO QUE BROTA DA PALAVRA

Creio que todos(as) já erramos algumas vezes na vida e já experimentamos o perdão das pessoas e do Senhor. Neste momento somos convidados(as) a expressar nossa gratidão ao Senhor, por meio do Sl 25,4-11. Agora podemos dizer o nome das pessoas que usaram de Misericórdia para conosco *(citar os nomes)* e rezar, também, na intenção delas, este salmo:

Todos: Por causa do teu nome, Senhor, perdoa a minha falta, pois é grande!

Lado 1: Mostra-me os teus caminhos, Senhor, ensina-me tuas veredas.

Lado 2: Guia-me com tua verdade, ensina-me, pois tu és o meu Deus Salvador. Eu espero em ti o dia todo.

Todos: Por causa do teu nome, Senhor, perdoa a minha falta, pois, é grande!

Lado 1: O Senhor é bondade e retidão e aponta o caminho aos pecadores!

Lado 2: Encaminha os pobres conforme o direito e ensina o seu caminho aos infelizes.

Todos: Por causa do teu nome, Senhor, perdoa a minha falta, pois é grande!

Lado 1: Os caminhos do Senhor são todos amor e verdade, para os que guardam sua aliança e seus preceitos.

Lado 2: Por causa do teu nome, Senhor, perdoa minha falta, pois é grande.

Todos: Por causa do teu nome, Senhor, perdoa a minha falta, pois é grande!

11. NOSSO COMPROMISSO COM A PALAVRA

A palavra de hoje nos convida a sermos misericordiosos uns para com os outros. Quando alguém nos ofende ou nós ofendemos alguém, é necessário pedir perdão e perdoar de coração. Façamos um minuto de silêncio para pensar numa pessoa que tenhamos magoado ou ofendido e para nos comprometer a pedir perdão.

12. CANTO FINAL

Pai-Nosso cantado ou outro canto que fale sobre o perdão.

13. LEMBRETE

Ler o texto de aprofundamento para o terceiro encontro "A mulher que muito amou", Lc 7,36-50, e providenciar os materiais solicitados para o próximo encontro.

Texto de Aprofundamento para o 3º Encontro

A mulher que muito amou!

A narrativa de Lc 7,36-50 está relacionada com os dois últimos versículos do episódio da ressurreição do filho da viúva de Naim, que sintetizam a ação de Jesus: "um grande profeta surgiu entre nós: Deus visitou o seu povo" e "a notícia do que havia feito se divulgou por toda a região e pela Judeia" (cf. 7,16-17). O verbo "visitar" nos remete ao Antigo Testamento ao se referir à vinda de Deus como um acontecimento pleno de gratuidade. Desse modo, assume o sentido de "olhar com atenção para cuidar", "dar assistência", "resgatar" (Sl 8,5) ou também pode ser o "olhar com atenção para avaliar, discernir" (Sl 80,15; 89,33).

No Evangelho segundo Lucas, a visita de Deus por meio de Jesus Cristo é de uma presença cheia de Misericórdia (Lc 1,68.78).

A narrativa de Lc 7,36-50 inicia-se num clima cordial, no qual o fariseu Simão convida Jesus para participar de uma refeição em sua casa. Nesse contexto surge uma mulher anônima, que comumente é confundida com Maria Madalena, por uma interpretação errônea de Lc 8,2. É provável que a mulher definida como uma *pecadora pública* seja uma mulher em situação de prostituição. Mulher ferida na sua corporeidade e feminilidade, por isso ela compreende profundamente a visita do Deus amor-compaixão-Misericórdia-gratuidade.

Ela entra na casa do fariseu e infringe todas as regras sociais. O seu único objetivo é encontrar-se com Jesus, mesmo enfrentando o risco da rejeição, da incompreensão, da condenação. Para ela, o amor e o reconhecer a visita misericordiosa de Deus superam qualquer uma dessas dificuldades.

Enquanto a mulher banha, seca, beija os pés de Jesus, predomina o silêncio, no qual ecoa a voz da comunhão, das lágrimas, como resultado da sua história, marcada por tantas relações desumanizantes. Jesus não condena, não questiona, não pede nem mesmo para que ela confesse os seus pecados; somente a acolhe, no silêncio. Silêncio que é atenção, reciprocidade, reconhecimento, cumplicidade entre um que ama e o outro que se deixa amar. É o desabrochar transbordante da ternura, do afeto incontido e intenso (*perfume*); é o entrelaçar da vitalidade e da beleza (*cabelos*); da intimidade e da gratuidade (*beijo*, o *tocar*). É a dança de um amor que sai de si e entra em comunicação com o outro, compassada pela melodia mais profunda dos seus desejos, da sua gratidão para com aquele que a acolhe com amor misericordioso e gratuito. Nesse momento somente fala a doçura dos gestos, a música da ternura, o beijo da comunhão, a lágrima como síntese da dor, mas também da gratidão e da alegria.

Em contraste com a leveza dos gestos dessa mulher estão os pecados estruturais e sociais expressos no preconceito, na forma negativa de julgar as pessoas, sem ouvi-las, e no fechamento de Simão e dos convidados. Ao perceber o que se passa no coração das pessoas ao redor, Jesus envolve Simão nessa "coreografia" da gratuidade ao convidá-lo a escutar uma parábola a fim de dar uma resposta óbvia, na tentativa de ajudá-lo, e aos demais convidados, a entender a grandeza do amor da mulher, expresso pelo respeito, pela delicadeza de se aproximar, pela doçura efusiva, pelo silêncio contemplativo, pelo acolhimento hospitaleiro de quem realmente compreendeu que Jesus é a revelação do mistério da Misericórdia de Deus.

Desse modo, Jesus também liberta Simão e o ajuda a compreender que ser profeta não é só apontar os erros, defeitos dos outros, nem está na capacidade de castigar, punir os pecados (v. 39), mas ser profeta é ser alguém pleno de Misericórdia. Nesse sentido é importante a atitude de Jesus, que chama a atenção de Simão com a expressão "Estás vendo esta mulher?" (v. 44) e apresenta ao fariseu um novo modo de avaliar a realidade estabelecendo uma comparação entre a atitude da mulher e a de Simão.

Assim, temos duas concepções de profeta: a visão negativa de Simão e a positiva da mulher, que compreende profundamente que se encontrar com Jesus é libertar-se de tudo que não conduz à verdadeira vida. Para essa mulher, a fé como caminho de transformação não pode ser reduzida a um conjunto de doutrinas, a normas morais ou moralizantes, a obrigações, mas é confiar no amor gratuito de Jesus Cristo e se entregar à gratuidade desse amor.

Dentre as várias narrativas nas quais consta a presença feminina no Evangelho segundo Lucas, essa mulher é a única que recebe o perdão. Perdão que nasce do encontro com Jesus, que restaura a dignidade dessa mulher, sem pedir nada. Jesus simplesmente a acolhe, sem julgá-la, sem enumerar seus pecados, sem classificá-la. Atitude que gera escândalo no coração endurecido de Simão e dos convidados, mas que é sintetizada pela expressão "tua fé te salvou". A fé no amor de Deus revelado em Jesus Cristo liberta a mulher e abre a possibilidade de ela trilhar novos caminhos, um caminho pleno, um caminho de Paz (v. 50).

3º Encontro

"TUA FÉ TE SALVOU. VAI EM PAZ!"

PREPARAÇÃO DO AMBIENTE

Colocar em destaque uma Bíblia aberta, uma vela acesa e várias imagens de jornais ou revistas que ilustrem alguns dos preconceitos presentes na nossa sociedade *(ou podem ser faixas escritas indicando esses preconceitos)*.

1. ACOLHIDA E CANTO

Irmãs e irmãos, com a graça de Deus, nosso Pai, voltamos a nos encontrar para refletir sobre a Misericórdia neste Ano Jubilar, tempo de graça e de conversão.

O tema de hoje nos convida a olhar para os pecados estruturais e sociais, tais como os preconceitos, o julgamento negativo, a discriminação, a exclusão e tantos outros, e nos conscientizar da necessidade de uma mudança de mentalidade, de uma transformação dentro de nós e ao nosso redor. Confiantes na graça de Deus que caminha conosco neste processo de conversão, cantemos:[1]

---
[1] ZÉ VICENTE. Boa-Nova em nossa vida. CD: *Festa dos pequenos*. Paulinas--COMEP. Partitura disponível em: <http://www.paulinas.org.br/pub/partitura/P1160170116.pdf>. Acesso em: 12 out. 2015.

Toda palavra de vida é Palavra de Deus.
Toda ação de liberdade é a divindade agindo entre nós!
É a divindade agindo entre nós!

Boa-Nova em nossa vida, Jesus semeou.
O Evangelho em nosso peito é chama de amor. (bis)

Todo grito de justiça que sobe do chão
É clamor e profecia que Deus anuncia para a conversão
Que Deus anuncia para a conversão

Aleluia, aleluia! Bendita palavra que faz libertar. (bis)

2. ORAÇÃO

Senhor Jesus, que viestes revelar o rosto amoroso de Deus, dai-nos um coração generoso e sensível, capaz de acolher a todos sem discriminação. Convertei nossas atitudes mesquinhas, preconceituosas, em gestos concretos de gratuidade, para que possamos ser testemunhas proféticas da vossa compaixão. Amém!

3. SÍMBOLOS

Ao olharmos os símbolos aqui presentes, representando algumas realidades de preconceito na nossa sociedade, podemos nos perguntar: qual deles mais me chama a atenção? Por quê?

(Partilha.)

4. INTRODUÇÃO À LEITURA

O texto de Lc 7,36-50 sublinha uma das características do Evangelho segundo Lucas: a Misericórdia de Jesus para com os pecadores (Lc 7,34).

A cena é situada na casa do fariseu Simão, numa refeição que é interrompida pela presença de uma mulher, definida como uma *pecadora pública*, provavelmente uma mulher em situação de prostituição, que infringe todas as regras sociais para expressar o seu amor como celebração do perdão recebido e, ao mesmo tempo, questiona a atitude rígida, preconceituosa, de Simão, que, inicialmente, é incapaz de entender a compaixão de Jesus.

Vamos aclamar o Evangelho, cantando:

5. CANTO DE ACLAMAÇÃO DA PALAVRA

Boa-Nova em nossa vida, Jesus semeou.
O Evangelho em nosso peito é chama de amor. (bis)

6. LEITURA: Lc 7,36-50

7. VER O TEXTO DE PERTO

- O que diz o texto? Quais foram os gestos realizados pela mulher ao se encontrar com Jesus?

- Qual relação existe entre a reação de Simão e a parábola do credor e os dois devedores?

- Como interpretar o v. 47?
- Como o amor de Deus se manifesta na atitude de Jesus?
- O que significa dizer "Tua fé te salvou, vai em Paz!"?

8. CANTO

Boa-Nova em nossa vida, Jesus semeou.
O Evangelho em nosso peito é chama de amor. (bis)

9. TRAZER O TEXTO PARA PERTO DE NÓS

- No nosso dia a dia, de que maneira se manifestam os pecados estruturais e sociais, tais como a discriminação, os preconceitos, a exclusão?
- De que forma reagimos quando presenciamos atitudes preconceituosas ou de exclusão?
- O que, concretamente, nossa comunidade está realizando para diminuir esses preconceitos e promover a inclusão?
- Há o perigo de reduzir a nossa vida espiritual a práticas de piedade, a normas morais, a obrigações, e perder a gratuidade do entregar-se ao amor de Deus? Justifique.
- O que nos ensina a atitude gratuita dessa mulher?

10. ORAÇÃO QUE BROTA DA PALAVRA

Cada participante poderá escolher um dos preconceitos presentes na nossa sociedade, nossa comunidade, e espontaneamente pedir perdão. Os pedidos de perdão serão intercalados com o refrão:[2]

Tende piedade, tende piedade, tende piedade de nós, ó Senhor.

Tende piedade, tende piedade, vosso povo é santo, mas também é pecador.

(Após os pedidos de perdão, cantar a estrofe do canto, conforme segue abaixo.)

Vosso coração de Pai sabe perdoar.
Vosso coração de Filho sabe perdoar.
Vosso coração de Deus consolador
sabe perdoar, sabe perdoar.

Tende piedade, tende piedade, tende piedade de nós, ó Senhor,
Tende piedade, tende piedade, vosso povo é santo, mas também é pecador.

11. NOSSO COMPROMISSO COM A PALAVRA

Diante do que refletimos sobre o pecado estrutural ou social, qual gesto concreto assumiremos como comunidade para dar continuidade ao nosso processo de mudança de mentalidade?

---

[2] PE. ZEZINHO. Tende piedade. CD: *Fazedores da paz*. Paulinas-COMEP. Partitura disponível em: <http://www.paulinas.org.br/pub/partitura/P1201620102.pdf>. Acesso em: 12 out. 2015.

12. CANTO FINAL[3]

Quando o dia da paz renascer
Quando o sol da esperança brilhar
Eu vou cantar
Quando o povo nas ruas sorrir
E a roseira de novo florir
Eu vou cantar

Quando as cercas caírem no chão
Quando as mesas se encherem de pão
Eu vou cantar
Quando os muros que cercam os jardins
Destruídos então os jasmins
Vão perfumar

Vai ser tão bonito se ouvir a canção, cantada de novo!
No olhar da gente a certeza do irmão, reinado do povo

Quando as armas da destruição
Destruídas em cada nação
Eu vou sonhar
E o decreto que encerra a opressão
Assinado só no coração
Vai triunfar

Quando a voz da verdade se ouvir
E a mentira não mais existir
Será, enfim, tempo novo de eterna justiça
Sem mais ódio, sem sangue ou cobiça, vai ser assim!

---

[3] ZÉ VICENTE. Utopia. CD: *Sol e sonho*. Paulinas-COMEP. Partitura disponível em: <http://www.paulinas.org.br/pub/partitura/P1206500101.pdf>. Acesso em: 12 out. 2015.

13. LEMBRETE

Ler o texto de aprofundamento para o quarto encontro "A Festa da Misericórdia" e Lc 15,11-32. Solicita-se ao dirigente ou responsável pelo grupo providenciar os materiais para o próximo encontro.

TEXTO DE APROFUNDAMENTO PARA O
4º ENCONTRO

A Festa da Misericórdia

O tema da Misericórdia divina é muito importante para o evangelista Lucas, para quem "Jesus revela a natureza de Deus como a de um Pai que nunca se dá por vencido enquanto não tiver dissolvido o pecado e superado a recusa com a compaixão e a Misericórdia".[1] No centro do Evangelho segundo Lucas há três parábolas que expressam essa bondade e a festa de Deus por encontrar quem estava perdido (Lc 15). Elas estão localizadas após o ensinamento de Jesus sobre as exigências do seguimento (14,25-35). Parábola significa uma breve sentença, um dito ou provérbio. No tempo de Jesus, era uma forma comum de dar um ensinamento.

Diante das murmurações de alguns fariseus e escribas pelo fato de acolher publicanos e pecadores, Jesus conta as três parábolas que expressam a Misericórdia de Deus: da ovelha perdida (15,4-7), da moeda perdida (15,8-10) e do filho perdido (15,11-32). O verbo "perder" repete-se oito vezes nesse capítulo. Porém nada permanece perdido, pois após intensa procura tudo é encontrado ou reencontrado. Perder, procurar e reencontrar é a dinâmica apresentada nas parábolas, que acabam sempre

---

[1] PAPA FRANCISCO. *Misericordiae Vultus* (O Rosto da Misericórdia). Bula de Proclamação do Jubileu Extraordinário da Misericórdia. São Paulo: Paulinas, 2015. § 9.

numa grande festa, a festa da vida, do acolhimento e da Misericórdia (cf. 15,7.9.32).

A parábola do filho perdido e reencontrado é própria do terceiro Evangelho. No início da narrativa, fala-nos de um homem que tinha dois filhos, e o mais novo pediu ao pai a parte da herança que lhe cabia. Percebe-se que o homem e seus filhos têm uma rica propriedade, empregados (v. 22), bezerro cevado (v. 23) e assalariados, que não sofrem falta de nada (v. 17). O pai concede ao filho mais novo o que lhe foi pedido e lhe dá autonomia, não o tratando mais como menor de idade. Com relação à administração da propriedade e questões de herança, podemos ler em Lv 25,23-24 e Dt 21,17.

O filho mais novo vai para uma região longínqua e estrangeira e esbanja toda a sua fortuna (Lc 15,13-14). O trabalho que aceita, para não morrer de fome, é intolerável para um judeu piedoso: tem de cuidar de porcos (Lv 11,7), e mais, deseja comer a comida que esses animais impuros comem. Nessa situação totalmente desumana o jovem tem saudades de sua casa, do tratamento do pai, e "cai em si"; começa seu processo de conversão, de retorno, reconhecendo-se pecador: "Pai, pequei contra Deus e contra ti" (Lc 15,18). A lembrança da casa paterna o conduz ao retorno.

Como poderia ir ao encontro do pai? É como ouvir o ressoar da voz do profeta Jeremias: "Volta, ó rebelde Israel – oráculo do SENHOR –: não desviarei de ti a minha face, porque sou misericordioso – oráculo do SENHOR –: não estarei irado para sempre" (Jr 3,12). O jovem reconhece que perdeu o direito de filho. O pai, porém, vem-lhe ao encontro, tomado de compaixão, corre, lança-se sobre o seu pescoço e o beija. Nem espera os versos de pedido de perdão ensaiados pelo filho. O silêncio do pai é interrompido pelas ordens de preparação de uma grande festa: melhor túnica, anel, sandálias e um novilho cevado. Tudo orquestrado pela constatação de que "este meu filho estava morto e tornou a viver; estava perdido e foi encontrado" (Lc 15,24). A alegria festiva no coração do pai extravasa e invade a casa toda. Esse júbilo festivo é uma antecipação do júbilo do fim dos tempos (cf. Lc 15,7.10).

O clima de festa é contrastado com a chegada do filho mais velho, que julga que seu irmão não é merecedor de tamanha comemoração. Mesmo com a presença amorosa do pai (15,31), mantém uma postura intransigente, pois sempre foi um perfeito cumpridor da lei, achando-se "o justo". Participar da festa seria comungar o retorno do irmão, abrir-se à caridade fraterna, fruto da vivência da Misericórdia.

Com essa parábola o evangelista Lucas resgata a dimensão da Misericórdia, do perdão, da conversão e da festa: "Com efeito, o Filho do Homem veio procurar e salvar o que estava perdido" (Lc 19,10).

4º Encontro

O PAI MISERICORDIOSO

PREPARAÇÃO DO AMBIENTE

Colocar em destaque a Bíblia aberta, duas velas, sendo uma acesa e outra apagada, flores, galhos secos e, se houver, uma imagem do "filho pródigo" ou do "Pai misericordioso".

1. ACOLHIDA E CANTO

Irmãs e irmãos, com a graça de Deus, nosso Pai, voltamos a nos encontrar para dar continuidade às nossas reflexões neste Ano Jubilar da Misericórdia. Hoje vamos refletir e rezar uma parábola dedicada à Misericórdia, muito conhecida por nós e apresentada com vários títulos como "filho pródigo" ou "os dois filhos" ou, ainda, "o Pai misericordioso".

Com o coração aberto à graça e à bondade de Deus, cantemos:[1]

---
[1] Letra e música: PE. GIOSY CENTO. Versão: PE. ZEZINHO. O viajante. CD: *Sereno e forte*. Partitura disponível em: <http://www.paulinas.org.br/pub/partitura/P1174200102.pdf>. Acesso: 12 out. 2015.

Eu tinha tanta fome de ir embora,
Pra ver a vida como a vida era,
Pra aquele teu conselho eu não liguei,
E agora eu vejo o quanto me enganei

Manda-me um bilhete de regresso
Ou venha me buscar não ando bem.
Pensei que abandonar-te era progresso...
Mas sem o teu amor não sou ninguém.

Peguei a minha herança e fui embora
De todos os manjares eu provei
Não houve nada que eu não fiz lá fora
Mas nem por isso eu me realizei

Dinheiro, amores, drogas, malandragem
Eu tinha tudo isso e muito mais
Gastei a minha herança na viagem
Comprei a vida, mas não tenho paz

Eu vi a vida como a vida era,
E vi que a vida às vezes dói demais,
Viver sem teu amor é uma quimera
Eu volto a ser teu filho pra ter paz

Aos poucos eu ensaio aquele abraço
Que um filho arrependido dá no pai
Na hora em que eu voltar ao teu regaço
Te juro que eu não saio nunca mais

2. ORAÇÃO

Pai nosso que estais no céu e aqui entre nós, mostrai-nos a vossa face de ternura e Misericórdia. Permanecei conosco e ajudai-nos a viver como irmãs e irmãos, acolhendo-nos uns aos outros como vós nos acolheis. Abençoai cada um de nós e as nossas famílias e não deixeis que falte o pão de cada dia, nem a Misericórdia. Isso vos pedimos pelo vosso amado Filho, na unidade do Espírito Santo, amém!

3. SÍMBOLOS

O que nos dizem? Partilhar uma experiência pessoal de algo que foi perdido e depois encontrado. Como foi? Quanto tempo essa pessoa ou objeto ficou perdido? Quando foi encontrado(a), qual foi a minha reação, que sentimentos brotaram?

4. INTRODUÇÃO À LEITURA

No capítulo 15 do Evangelho segundo Lucas temos a narrativa de três parábolas: da ovelha extraviada, da moeda perdida e do pai com seus dois filhos. Jesus conta as parábolas para os escribas e fariseus. Muitos deles se consideravam justos e impecáveis cumpridores dos deveres e da lei e se escandalizavam pelo agir misericordioso de Jesus em relação aos pecadores. Hoje refletiremos sobre a terceira parábola, do pai bom e misericordioso, e as atitudes e reações dos seus dois filhos. Vamos acolher o Evangelho cantando:

5. CANTO DE ACLAMAÇÃO DA PALAVRA

Indo e vindo, trevas e luz, tudo é graça, Deus nos conduz.

6. LEITURA: Lc 15,11-32

(Ler o texto de forma dialogada: narrador, filho mais novo, pai, servo e o filho mais velho. Depois da leitura, podemos recontar a parábola com as próprias palavras. Uma pessoa pode começar e a outra, continuar.)

7. VER O TEXTO DE PERTO

Esta parábola é uma das mais conhecidas e estudadas entre os cristãos. O destaque é para a figura do pai, que está sempre à espera do retorno do filho mais novo e é aquele que dialoga com o filho mais velho sobre sua conduta de rejeitar o retorno do irmão. A ênfase está no amor desmedido do pai, na extrema gratuidade, independente das atitudes e ações dos filhos.

- Para onde o filho mais novo partiu após pedir a herança?
- Como se deu o processo do "cair em si" e decidir voltar para casa?
- Diante da atitude do pai, qual foi a reação do filho que tinha saído de casa (vv. 20-24)? Qual é a reação do filho mais velho (vv. 25-30)?

8. CANTO

Misericordioso é Deus, sempre, sempre eu cantarei! (3x)[2]

---

[2] TAIZÉ. *Misericordioso é Deus.* In: CARPANEDO, P. (org.). *Refrões meditativos.* Suplemento 1 do Ofício Divino das Comunidades. Cabreúva: Apostolado litúrgico, 2003. p. 12.

9. TRAZER O TEXTO PARA PERTO DE NÓS

- Diante da situação de uma pessoa que errou, eu ajo como o pai misericordioso ou como o irmão mais velho?

- Quais são os sinais de conversão em minha vida, na nossa comunidade?

- A partir dessa parábola, quais são os desafios para a nossa missão no mundo de hoje? Como viver a Misericórdia?

10. ORAÇÃO QUE BROTA DA PALAVRA

O Papa Francisco nos lembra que nessas parábolas "Deus é apresentado sempre cheio de alegria, sobretudo quando perdoa. Nelas, encontramos o núcleo do Evangelho e da nossa fé, porque a Misericórdia é apresentada como a força que tudo vence, enche o coração de amor e consola com o perdão".[3]

Espontaneamente, somos convidados a expressar nossas orações e, após cada prece, podemos rezar:

Todos: Obrigado, Senhor, porque sois bom e misericordioso.

---

[3] PAPA FRANCISCO. *Misericordiae Vultus* (O Rosto da Misericórdia). Bula de Proclamação do Jubileu Extraordinário da Misericórdia. São Paulo: Paulinas, 2015. § 9.

11. NOSSO COMPROMISSO COM A PALAVRA

A Palavra de Deus nos provoca e desinstala. A parábola que rezamos hoje nos convoca a agir como o pai, sendo misericordiosos. Vamos viver a alegria do encontro e do abraço com nossas irmãs e irmãos que estão ao nosso lado, lembrando do abraço de Deus que sempre nos acolhe e perdoa. Que esse abraço possa estender-se a outras pessoas que necessitam de Misericórdia.

12. CANTO FINAL

(Um dos refrãos cantados ou a canção do Pe. Zezinho "O viajante".)

13. LEMBRETE

Ler, para o quinto encontro, o texto de aprofundamento "Jubileu: o anúncio da Boa-Nova aos pobres", Lc 4,23-30. Providenciar o material solicitado e informar sobre a necessidade de trazer uma notícia, descrita na preparação do ambiente do *quinto encontro*.

TEXTO DE APROFUNDAMENTO PARA O 5º ENCONTRO

Jubileu: o anúncio da Boa-Nova aos pobres

Neste encontro aprofundaremos Lc 4,14-30, por unir aspectos do Ano Jubilar presentes no Antigo Testamento e por "proclamar um ano da Misericórdia de Deus".

O Jubileu,[1] o Ano Santo, que é celebrado a cada cinquenta anos, é uma festa de origem bíblica. Esta festa é prescrita em Lv 25,8-17.25-54, texto que pertence ao chamado "Código da Santidade". O Ano Jubilar era caracterizado por três aspectos: a proclamação da libertação; o retomar a terra outrora vendida para pagar determinada dívida; e o retornar ao grupo familiar quando uma pessoa era vendida como escrava, também como pagamento por dívidas contraídas (vv. 25-54).

Essa festa é anunciada como uma característica do Tempo Messiânico em Is 61,1-11. Os vv. 1-2 desse texto do

---

[1] O significado da palavra hebraica *yôbel*, que é traduzida por "jubileu", é incerto. Alguns comentadores a relacionam com o "chifre do cordeiro" que era utilizado como instrumento musical e que servia para anunciar o início das festas. Outros, baseando-se na tradução da Bíblia grega (Septuaginta) e em Lv 25,10, afirmam que o seu significado seria "libertação", "remissão", ou "retornar". Há uma terceira opção, que sugere uma relação com o monoteísmo judaico e a interpreta como a síntese de uma breve profissão de fé, reconhecendo o Deus de Israel como Senhor, ao considerar o tetragrama (JHWH) representado pelo prefixo *Yô-* e o termo *Baal* (Senhor), com a abreviação *bêl*. A celebração do Jubileu na Igreja Católica e a programação deste Jubileu Extraordinário encontram-se no folheto elaborado por V. I. BOMBONATTO *Ano Santo da Misericórdia:* jubileu extraordinário promulgado pelo Papa Francisco (São Paulo: Paulinas, 2015).

profeta Isaías são inseridos em Lc 4,18-19. Nessa narrativa o evangelista situa Jesus em Nazaré e narra que, ao entrar numa sinagoga em dia de sábado, ele é convidado a ler a Escritura e interpretar esse texto do profeta. A finalidade da inserção de Is 61,1-2 é sintetizar os aspectos fundamentais da missão de Jesus.

No relato temos uma autoapresentação de Jesus à luz do texto profético de Isaías,[2] destacando que Jesus é o Messias, ungido pelo Espírito Santo (cf. Lc 1,35; 3,22; 4,1) e que veio para proclamar um "ano agradável ao Senhor", que consiste na missão junto aos pobres, presos, cegos e oprimidos. Desse modo, com o nascimento de Jesus inicia-se o tempo da salvação. Salvação, portanto, que não deve ser entendida como algo somente para depois da nossa morte, mas que se inicia já aqui e que nos convida a vivenciá-la e testemunhá-la no concreto do nosso dia a dia. Por conseguinte, o centro do discurso de Jesus é o anúncio da Boa-Nova aos pobres, que consiste na libertação integral do ser humano. A palavra "pobre" aponta não somente para a situação econômica, mas para a pobreza fruto da opressão (Lc 6,20; 7,22; 18,22; 19,8). Os pobres representam todos os excluídos. A cura da cegueira é uma das características da Era Messiânica (cf. Is 29,18; 35,5; 42,7), confirmando o Messianismo de Jesus (Lc 7,18-23). Os cativos são uma categoria sociopolítica que indica a privação de liberdade pela condição de pobreza, sobretudo o reduzir-se à condição de escravo por causa de dívidas (Lv 25,35-43). Desse modo, Jesus

---

[2] Esse texto foi extraído de Is 61,1-2, com algumas modificações, e de Is 35,5 e 58,6.

anuncia a salvação, que é dada a todos, e o Reinado de Deus, que se inicia aqui e agora.

Nota-se uma dupla reação do povo. A primeira é de maravilhar-se com as palavras de Jesus (Lc 4,22). A segunda é de fúria e desejo de matar Jesus, depois que ele reprova as pessoas presentes na sinagoga (Lc 4,23-27). Essa última reação é uma antecipação da rejeição de Jesus e da dificuldade, por parte dos chefes do povo, de acolher a vontade de Deus e a libertação anunciada por Jesus, o que o conduzirá à morte de cruz.

A comunidade cristã, à luz da missão de Jesus apresentada pelo Evangelho segundo Lucas, é chamada a ser profética diante da realidade de morte e desafiada a também libertar os oprimidos e construir aqui o Reino de Deus revelado por Jesus Cristo.[3] Tal é o apelo para este Ano Jubilar da Misericórdia.

---

[3] Confira: CELAM. *Documento de Aparecida;* texto conclusivo da V Conferência Geral do Episcopado Latino-Americano e do Caribe. São Paulo: Paulinas/Paulus, 2007. § 380-430.

5º Encontro

PROCLAMAI UM ANO DA MISERICÓRDIA DO SENHOR!

PREPARAÇÃO DO AMBIENTE

Providenciar uma Bíblia, vela, flores, e cada participante *(ou alguns escolhidos pelo dirigente)* é convidado a trazer uma notícia de jornal ou escrever um acontecimento do bairro ou da comunidade que represente as diferentes realidades de morte, de opressão, de pobreza, de escravidão ou de exploração do meio ambiente.

1. ACOLHIDA E CANTO

Irmãs e irmãos, sejam bem-vindos ao nosso encontro neste Ano Jubilar, no qual proclamamos a Misericórdia de Deus. Vamos com alegria cantar:[1]

---

[1] SANTANA, José Acácio. O Espírito do Senhor está sobre nós. CD: *Espírito Santo*. Paulinas-COMEP. Partitura disponível em: <http://www.paulinas.org.br/pub/partitura/P1227260105.pdf>. Acesso em:12 out. 2015.

O Espírito do Senhor está sobre nós!

Ele nos consagrou
para levarmos o Evangelho a todo povo.

Ele nos enviou
para anunciarmos às nações um tempo novo.

Ele nos consagrou
para consolarmos os aflitos e os que choram.

Ele nos enviou
para acolhermos os irmãos
que nos imploram.

Ele nos consagrou
para falarmos de justiça e de verdade.

Ele nos enviou
para anunciarmos aos cativos liberdade.

Ele nos consagrou
para cantarmos, celebrarmos sua glória.

Ele nos enviou
para escrevermos do seu Reino a nova história.

2. ORAÇÃO

Senhor, estamos aqui reunidos em vosso nome para refletir sobre a missão de Jesus e também sobre a nossa missão no mundo de hoje. Iluminai nosso ser, fortalecei nossa vontade, para que possamos com coragem assumir nossa missão profética diante de tantas realidades de morte e construir aqui o vosso Reinado. Amém!

3. SÍMBOLOS

Cada participante *(ou alguns que foram escolhidos previamente)* é convidado a ler a notícia do jornal, ou de algo que aconteceu no bairro, na comunidade, que seja uma realidade de morte, de opressão, de escravidão. Após a leitura, colocar a notícia ou o escrito em uma mesa ou num local adequado. Após a partilha, uma pessoa entra com a Bíblia, vela e flores (se houver) e as coloca sobre as notícias. Todos os demais cantam:

O Espírito do Senhor repousa sobre mim,
O Espírito do Senhor me escolheu, me enviou.

4. INTRODUÇÃO À LEITURA

Hoje meditaremos sobre Lc 4,14-30, que nos apresenta o fundamento da missão de Jesus segundo Lucas e nos ilumina sobre como vivermos este Ano Jubilar. Preparando o nosso coração para acolher a Palavra de Deus, cantemos:

5. CANTO DE ACLAMAÇÃO DA PALAVRA

O Espírito do Senhor repousa sobre mim,
O Espírito do Senhor me escolheu, me enviou.

6. LEITURA: Lc 4,14-30

A leitura pode ser feita por duas pessoas: uma lê os versículos 14-21 e a outra, os versículos 22-30.

7. VER O TEXTO DE PERTO

- Que relação existe entre o trecho do profeta Isaías e a missão de Jesus?
- O que significa ser consagrado para anunciar a Boa-Nova aos pobres?
- Para Jesus, em que consiste a proclamação de um Ano da Misericórdia do Senhor?
- Como foi a reação do povo à mensagem de Jesus?

8. CANTO

Refrão anterior ou outro canto à escolha

9. TRAZER O TEXTO PARA PERTO DE NÓS

Leitor 1: O Papa Francisco, ao relacionar Lc 4,14-30 com o Ano Jubilar, diz: "Este Ano Santo traz consigo a riqueza da missão de Jesus que ressoa nas palavras do Profeta [Isaías]: levar uma palavra e um gesto de consolação aos pobres, anunciar a libertação a quantos são prisioneiros das novas escravidões da sociedade contemporânea, devolver a vista a quem já não consegue ver porque vive curvado sobre si mesmo, e restituir dignidade àqueles que dela se viram privados".[2]

---

[2] PAPA FRANCISCO. *Misericordiae Vultus* (O Rosto da Misericórdia). Bula de Proclamação do Jubileu Extraordinário da Misericórdia. São Paulo: Paulinas, 2015. § 16.

Leitor 2: O Papa Francisco afirma também: "Para a Igreja, a opção pelos pobres é mais uma categoria teológica que cultural, sociológica, política ou filosófica. Deus 'manifesta a sua misericórdia antes de mais' a eles. [...] Somos chamados a descobrir Cristo neles: não só a emprestar-lhes a nossa voz nas suas causas, mas também a ser seus amigos, a escutá-los, a compreendê-los e a acolher a misteriosa sabedoria que Deus nos quer comunicar através deles. [...] Unicamente a partir desta proximidade real e cordial é que podemos acompanhá-los adequadamente no seu caminho de libertação."[3]

Vamos partilhar:

- Diante desses apelos do Evangelho e do papa, qual é a nossa resposta, como cristãos, como comunidade?

- Como podemos celebrar este Ano Jubilar ao considerar esses elementos fundamentais da missão de Jesus e da comunidade cristã?

10. ORAÇÃO QUE BROTA DA PALAVRA

Vamos juntos rezar algumas frases da oração preparada para o Jubileu da Misericórdia:

Senhor Jesus Cristo,
vós que nos ensinastes a ser misericordiosos como o Pai celeste,

---

[3] Id. *Evangelii Gaudium* (A Alegria do Evangelho). Ao episcopado, ao clero, às pessoas consagradas e aos fiéis leigos sobre o Anúncio do Evangelho no mundo atual. São Paulo: Paulinas, 2015. §§ 198-199.

e nos dissestes que, quem vos vê, vê a ele,
mostrai-nos o vosso rosto e seremos salvos. [...]
Fazei que cada um de nós considere como dirigidas
a si próprio as palavras que dissestes
à mulher samaritana:
"Se tu conhecesses o dom de Deus..."!
Vós sois o rosto visível do Pai invisível,
do Deus que manifesta sua onipotência sobretudo
com o perdão e a Misericórdia: [...]
Enviai o vosso Espírito e consagrai-nos a todos com
a sua unção
para que o Jubileu da Misericórdia seja um ano de
graça do Senhor
e a vossa Igreja possa, com renovado entusiasmo,
levar aos pobres a alegre mensagem,
proclamar aos cativos e oprimidos a libertação
e aos cegos restaurar a vista.
Nós vo-lo pedimos por intercessão de Maria,
Mãe de Misericórdia,
a vós que viveis e reinais com o Pai e o Espírito
Santo, pelos séculos dos séculos.
Amém!

11. NOSSO COMPROMISSO COM A PALAVRA

Diante do que refletimos, tendo presentes os apelos do Evangelho e do Papa Francisco, o que assumiremos como gesto concreto?

12. CANTO FINAL[4]

O Deus que me criou, me quis, me consagrou
Para anunciar o seu amor.

Eu sou como chuva em terra seca,
Pra saciar, fazer brotar,
Eu vivo para amar e pra servir!

É missão de todos nós
Deus chama, eu quero ouvir a sua voz!

Eu sou como estrela em noite escura.
Eu levo a luz, sigo a Jesus.
Eu vivo para amar e pra servir!

Eu sou, sou profeta da verdade.
Canto a justiça e a liberdade.
Eu vivo para amar e pra servir!

13. LEMBRETE

Ler, em casa, o texto de aprofundamento para o sexto encontro "A consciência da corresponsabilidade", Lc 10,25-37, e providenciar o material solicitado.

---

[4] ZÉ VICENTE. Missão de todos nós. CD: *Nas horas de Deus, amém!* Paulinas--COMEP. Partitura disponível em: <https://www.paulinas.org.br/pub/partitura/P1231700106.pdf>. Acesso em: 12 out. 2015.

Texto de Aprofundamento para o
6º Encontro

A consciência da corresponsabilidade

No Evangelho segundo Lucas, a parábola do bom samaritano (Lc 10,30-37) é um dos textos que ilustra de forma exemplar o pedido de Jesus e o lema do Jubileu do Ano da Misericórdia: "Sede misericordiosos como vosso Pai é misericordioso". Em vez de responder à pergunta do legista "E quem é o meu próximo?", Jesus contou a parábola de um homem que descia de Jerusalém a Jericó e que caiu nas mãos de assaltantes, os quais o saquearam, feriram e abandonaram caído à beira da estrada. Pelo caminho passou um sacerdote, que o viu e seguiu adiante; passou um levita, fez o mesmo; por fim, passou um samaritano, que se aproximou dele e cuidou de suas chagas, derramando nelas óleo e vinho. Depois, colocou-o sobre o seu próprio animal e o levou a uma hospedaria, onde dispensou-lhe todos os cuidados, pagou as despesas e pediu ao hospedeiro que cuidasse dele, e o que gastasse a mais ele pagaria ao voltar. Jesus perguntou ao legista: "Na tua opinião, qual dos três foi o próximo do homem que caiu nas mãos dos assaltantes?". Ele respondeu: "Aquele que usou de Misericórdia para com ele". Então Jesus lhe disse: "Vai e faze tu a mesma coisa" (Lc 10,37).

O legista estava preocupado em saber o que fazer para herdar a vida eterna e Jesus lhe perguntou: "Que está escrito na Lei? Como lês?". O legista, então, resumiu a sua leitura em dois mandamentos: o amor a Deus acima de tudo e ao próximo como a si mesmo. Jesus aprovou a resposta dele e lhe disse: "Faze isto e viverás". O legista não ficou satisfeito e fez outra pergunta, que ainda hoje continua ressoando em nossos ouvidos: "E quem é o meu próximo?" (Lc 10,25-29).

Talvez muitos cristãos, e nós mesmos, pensem que "o próximo" seja aquele que pertence ao nosso grupo familiar, com os mesmos laços de sangue. Mas se observamos a pergunta de Jesus ao legista "Como lês?", damo-nos conta de que a nossa corresponsabilidade se amplia, mesmo quando não há nenhum laço de sangue, ou seja, quando um "estranho", um ser humano como nós, tendo as mesmas necessidades, os mesmos direitos, esteja precisando de ajuda.

Pode ser que nós mesmos, como esse legista, estejamos procurando justificativas para a nossa falta de iniciativa: os tempos são outros; hoje há muita violência. Nós nos reservamos por medo de magoar, ofender, ser intrusos, de oferecer nossa ajuda, de sermos mal interpretados, por indiferença e por omissão. É preciso discernir as motivações sob as quais se esconde a nossa inércia. Normalmente nós não nos sentimos corresponsáveis por aquilo que acontece com as pessoas, na sociedade. A responsabilidade de tudo o que acontece de ruim, ou de atrapalhado, é sempre responsabilidade dos órgãos públicos, das instituições, dos outros. Nunca nos sentimos corresponsáveis. Quando temos ocasião de tirar vantagens, ou passar alguém para trás, não temos nenhum escrúpulo de consciência em fazê-lo, sob a justificativa de que todo mundo o faz. Ser cristão ou cristã não faz nenhuma diferença? Será que não vale a pena fazer tudo com honestidade e transparência, sempre e em todo o lugar? Agir de forma coerente com a minha fé, porque é bom, porque me faz bem, faz bem aos outros, agrada a Deus, ainda quando ninguém nos veja, somente Deus?

O Papa Francisco nos alerta sobre as situações de precariedade e os sofrimentos do mundo atual: "Quantas feridas gravadas na carne de muitos que já não têm voz, porque o seu grito foi esmorecendo e se apagou por causa da indiferença dos povos ricos. Neste Jubileu, a Igreja sentir-se-á chamada ainda mais a cuidar destas feridas, a aliviá-las com o óleo da consolação, a enfaixá-las com a Misericórdia e tratá-las com a solidariedade e a atenção devidas [...]. As nossas mãos apertem as suas mãos e estreitemo-los a nós para que sintam o calor da nossa presença, da amizade e da fraternidade. Que o seu grito se torne o nosso e, juntos, possamos romper a barreira de indiferença que frequentemente reina soberana para esconder a hipocrisia e o egoísmo".[1] Tantas vezes arranjamos ainda a justificativa de que não temos dinheiro e, por isso, não temos condições de ajudar, ou até mesmo nos sentimos no direito de explorar o outro para acumular dinheiro ou satisfazer as nossas necessidades. De novo é o Papa Francisco que nos diz: "Não caiais na terrível cilada de pensar que a vida depende do dinheiro e que, à vista dele, tudo o mais se torna desprovido de valor e dignidade. Não passa de uma ilusão. Não levamos o

---

[1] PAPA FRANCISCO. *Misericordiae Vultus* (O Rosto da Misericórdia). Bula de Proclamação do Jubileu Extraordinário da Misericórdia. São Paulo: Paulinas, 2015. § 15.

dinheiro conosco para o além. O dinheiro não nos dá a verdadeira felicidade. A violência usada para acumular dinheiro que transuda [transpira] sangue não nos torna poderosos nem imortais. Para todos, mais cedo ou mais tarde, vem o juízo de Deus, do qual ninguém pode escapar".[2] O Papa Francisco constantemente nos chama para o essencial, para o que é valor para a vida, para o que traz sentido à vida, pois neste mundo tudo é relativo, tudo passa; só o que construímos de bem e de bom é que permanecerá.

---

[2] Ibid., § 19.

6º Encontro

PRÓXIMO É AQUELE(A) QUE PRECISA DE NÓS

PREPARAÇÃO DO AMBIENTE

Colocar a Bíblia aberta e em destaque sobre um pano bonito; a seu lado uma vela, com uma flor ou folhagem. Ao redor, colocar uma bandeja com notas de dinheiro e moedas (reais e, se houver, dólares, euros, ou outras), um cartão de crédito e talão de cheque. Recortes de jornal com figuras de pessoas em situação de risco ou carência, preparando a reflexão sobre a parábola do bom samaritano.

1. ACOLHIDA E CANTO

Boas-vindas a todos vocês que vieram para o nosso sexto encontro. Hoje a mesa da Palavra é muito farta para a nossa reflexão e vivência cristã, pois ela nos convida a pensar sobre quem é o nosso próximo.

O texto narra o encontro de Jesus com um intérprete da lei, também chamado de legista, que pergunta a Jesus "E quem é o meu próximo?". É aquele que está perto de nós? Ou é a pessoa que precisa de ajuda? Meditando sobre essas perguntas, vamos com alegria cantar o refrão:[1]

E quem é, ó Senhor, o meu próximo?
E meu próximo, então, quem será?
Me responde, Senhor do caminho
Alumia este meu caminhar.

2. ORAÇÃO

Vós, Senhor, sois um Deus que tira a iniquidade e perdoa o pecado, que não se obstina na ira, mas se compraz em usar de Misericórdia. Vós, Senhor, voltareis para nós e tereis compaixão do vosso povo. Apagareis as nossas iniquidades e lançareis ao fundo do mar todos os nossos pecados.[2] Isso vos pedimos, ó Deus, por nosso Senhor Jesus Cristo, vosso Filho, na unidade do Espírito Santo. Amém!

3. SÍMBOLOS

- Vamos olhar os símbolos com muita atenção e pensar: por causa de algum(ns) deles houve alguma discussão em casa? Por quê?

---

[1] VELOSO, Reginaldo. O samaritano. CD: *O fascínio das parábolas do reino;* cantos bíblicos. Paulinas-COMEP. Partitura disponível em: <http://www.paulinas.org.br/pub/partitura/P1250240102.pdf>. Acesso em: 12 out. 2015.

[2] Cf. Mq 7,17-19.

- Algum destes símbolos tem valor absoluto? Justifique.
- Qual(is) deles me trouxe(ram) um bem-estar ou um conforto? Por quê?

4. INTRODUÇÃO À LEITURA

O Evangelho segundo Lucas propõe-nos hoje uma reflexão séria sobre o que é essencial na vida. O intérprete da lei queria saber como chegaria a entrar no céu e Jesus lhe devolveu a pergunta: "Que está escrito na Lei? Como lês?". E o legista mesmo tinha a resposta dentro dele: "Amar a Deus sobre todas as coisas; o teu próximo como a ti mesmo". Jesus aprovou sua resposta e lhe disse: "Faze isso e viverás".

O legista, para provar Jesus, perguntou-lhe: "E quem é o meu próximo?". E Jesus contou-lhe a parábola do bom samaritano. Nela aparecem três personagens: um sacerdote, um levita e um samaritano. Ao ver o homem ferido caído à beira da estrada, o sacerdote passa adiante; depois vem um levita, que faz o mesmo. Ambos, provavelmente, estão voltando do culto no Templo. Por fim passa um samaritano, ele vê o homem ferido e o socorre. Jesus disse ao legista: "Na tua opinião, qual dos três foi o próximo do homem que caiu nas mãos dos assaltantes?". O legista respondeu: "Aquele que usou de Misericórdia para com ele". Jesus então lhe disse: "Vai e faze tu a mesma coisa".

Vamos aclamar a Palavra, cantando:

5. CANTO DE ACLAMAÇÃO DA PALAVRA[3]

*Buscai primeiro o Reino de Deus e a sua justiça,
E tudo mais vos será acrescentado. Aleluia, aleluia!*

6. LEITURA: Lc 10,25-37

7. VER O TEXTO DE PERTO

- Vocês lembram qual foi a primeira pergunta que o intérprete da Lei fez para Jesus?
- Jesus não respondeu ao legista e fez outras duas perguntas. Quais?
- Qual foi a resposta do legista?
- O legista fez uma segunda pergunta a Jesus. Qual?
- Jesus respondeu ao legista com uma parábola, quem gostaria de recontá-la para nós?
- O que disse o samaritano ao dono da hospedagem? Com que ele pagou os cuidados ao homem ferido?

---

[3] DR. Buscai primeiro. CD: *Francisco e Clara*. Paulinas-COMEP. Partitura disponível em: <http://www.paulinas.org.br/pub/partitura/P0685940118.pdf>. Acesso em: 12 out. 2015.

8. CANTO[4]

Buscai primeiro o Reino de Deus e a sua justiça,
E tudo mais vos será acrescentado. Aleluia, aleluia!

9. TRAZER O TEXTO PARA PERTO DE NÓS

- Vocês já pensaram alguma vez no tipo de pergunta do intérprete da Lei: "Mestre, que devo fazer para herdar a vida eterna?". O que é mesmo que ele quis saber?

- O que há de comum entre a primeira proposta de Jesus ao legista "Faze isso e viverás" e a segunda, "Vai e faze tu a mesma coisa"? O que essas propostas significam para nós?

- Para que serve o dinheiro? O que ele traz para a família?

- Quando o tempo e o dinheiro são absolutizados, quais problemas trazem para a família, para a sociedade?

10. ORAÇÃO QUE BROTA DA PALAVRA

O Sl 146 é um grande hino de louvor a Deus. Faz parte do grande *Hallel* rezado pela comunidade israelita por ocasião da Páscoa. Faremos nosso esse louvor a Deus pela sua Misericórdia:

Lado 1: Aleluia! Louvai o Senhor, ó minha alma! Enquanto eu viver, louvarei o Senhor, enquanto existir, tocarei ao meu Deus.

---
[4] Ibid.

Lado 2: Não depositeis a segurança nos nobres e nos filhos do homem, que não podem salvar! Exalam o espírito e voltam à terra, e no mesmo dia perecem seus planos!

Lado 1: Feliz quem se apoia no Deus de Jacó, quem põe a esperança no Senhor seu Deus, foi ele quem fez o céu e a terra, o mar e tudo o que neles existe.

Lado 2: Ele mantém, para sempre, a verdade: fazendo justiça aos oprimidos, dando pão aos famintos; o Senhor liberta os prisioneiros.

Lado 1: O Senhor abre os olhos dos cegos, endireita os curvados, o Senhor protege o estrangeiro, sustenta o órfão e a viúva.

Lado 2: O Senhor ama os justos, mas transtorna o caminho dos ímpios. O Senhor reina para sempre, o teu Deus, ó Sião, de geração em geração! Aleluia!

11. NOSSO COMPROMISSO COM A PALAVRA

Chegamos ao final do nosso encontro e somos convidados(as) a escolher um gesto concreto para viver a Palavra que meditamos neste dia. Qual é a família ou a pessoa mais necessitada que nós conhecemos ou que mora perto de nós? Em que poderíamos ajudá-la?

12. CANTO FINAL[5]

No olhar de cada ser
Num semblante sem coragem
Ouço tua voz: Tenho sede!
Num coração amigo, no tempo do perigo,
Ouço tua voz: Vai em Paz!

E te respondo confiante,
Impulsionado pela fé:
Eu nada sou, mas me sustentas,
Vou te anunciar!

Aos pobres, famintos, serei tua caridade,
Aos tristes, sozinhos, serei fraternidade,
Aos sem esperança eu levarei a fé,
Irei te anunciar, haja o que houver!

Aos desanimados serei tua voz: Coragem!
Aos presos, cansados, serei libertação!
A todos os irmãos serei amor
Eis aqui a minha vocação.

13. LEMBRETE

Ler, em casa, o texto de aprofundamento para o sétimo encontro "Na solidariedade somos misericordiosos", Mt 25,31-46, e providenciar o material solicitado.

---

[5] CARREIRA, Reginaldo. Ouço tua voz. CD: *Ouço tua voz*. Grupo Chamas. Paulinas--COMEP. Partitura disponível em: <http://www.paulinas.org.br/pub/partitura/P1181250111.pdf>. Acesso em: 12 out. 2015.

Texto de Aprofundamento para o 7º Encontro

Na solidariedade somos misericordiosos

No Evangelho segundo Mateus percebe-se uma ênfase na dimensão da justiça e na vivência ética. Jesus é o Mestre por excelência, pois dá continuidade à Lei que se cumpre na sua pessoa e ensina como praticá-la (cf. Dt 6,1-9; Mt 5,19). Com o termo "justiça" Mateus resume o que significa o cumprimento fiel da Lei de Deus e a sua vontade. Lei que não é abolida,[1] mas vivida da forma mais radical na vivência do amor. Jesus é apresentado como o Juiz Universal, que julgará as nações, tendo, como único critério, o amor para com os mais necessitados (Mt 25,31-46).

Nos capítulos 24 e 25 desse Evangelho encontramos o discurso sobre o fim dos tempos (escatológico). Esse discurso responde à pergunta dos discípulos sobre a destruição do Templo e sobre o retorno de Cristo na parusia (Mt 24,3). Já no final do capítulo 24, com o chamado à vigilância, o tom muda e as parábolas mostram o caminho para agir como verdadeiros discípulos missionários de Jesus Cristo. A parábola conhecida como o "juízo final" (Mt 25,31-46) nos mostra claramente que o julgamento não é algo que acontecerá após a morte, mas que vai acontecendo concretamente no dia a dia, tendo como critério o amor solidário.

---

[1] Cf. Mt 7,12; 9,13; 12,7; 22,34-40; 23,23; 25,31-46.

Por isso os discípulos ficam surpresos quando o Senhor se identifica com aqueles que têm fome, sede, são doentes, encarcerados, estão nus, são peregrinos. Como nos lembra o Papa Francisco: "Não podemos escapar às palavras do Senhor, com base nas quais seremos julgados: se demos de comer a quem tem fome e de beber a quem tem sede; se acolhemos o estrangeiro e vestimos quem está nu; se reservamos tempo para visitar quem está doente e preso (cf. Mt 25,31-45). De igual modo ser-nos-á perguntado se ajudamos a tirar da dúvida, que faz cair no medo e muitas vezes é fonte de solidão; se fomos capazes de vencer a ignorância em que vivem milhões de pessoas, sobretudo as crianças desprovidas da ajuda necessária para se resgatarem da pobreza; se nos detivemos junto de quem está sozinho e aflito; se perdoamos a quem nos ofende e rejeitamos todas as formas de ressentimento e ódio que levam à violência; se tivemos paciência, a exemplo de Deus que é tão paciente conosco; enfim, se, na oração, confiamos ao Senhor os nossos irmãos e irmãs. Em cada um destes 'mais pequeninos', está presente o próprio Cristo. A sua carne torna-se de novo visível como corpo martirizado, chagado, flagelado, desnutrido, em fuga... a fim de ser reconhecido, tocado e assistido cuidadosamente por nós".[2]

A parábola de Mt 25,31-45 é, na verdade, uma descrição grandiosa do veredito final sobre a história humana. Todas as nações (v. 32) comparecerão diante do Filho do Homem, isto é, diante de Jesus, o compassivo; o que

---

[2] PAPA FRANCISCO. *Misericordiae Vultus* (O Rosto da Misericórdia). Bula de Proclamação do Jubileu Extraordinário da Misericórdia. São Paulo: Paulinas, 2015. § 15.

vai decidir a sorte final não é somente a religião ou a fé professada, mas o decisivo é ter como estilo de vida a compaixão e a solidariedade. Como nos recorda o Papa Francisco, repetindo "as palavras de São João da Cruz: Ao entardecer desta vida, examinar-nos-ão no amor".[3]

---

[3] Ibid., § 15.

7º *Encontro*

A MANIFESTAÇÃO DO AMOR SOLIDÁRIO

PREPARAÇÃO DO AMBIENTE

Colocar a Bíblia aberta em Mt 25 e uma vela acesa. Do lado esquerdo da Bíblia colocar recortes de revista ou jornais mostrando pessoas maltratando ou prejudicando os outros. Do lado direito, recortes retratando pessoas ajudando e socorrendo as demais.

1. ACOLHIDA E CANTO

Irmãs e irmãos, bem-vindos ao sétimo encontro do nosso estudo bíblico neste Ano da Misericórdia. Hoje, de maneira especial, somos convidados a perguntar-nos se estamos reconhecendo o rosto de Jesus naqueles que sofrem ao nosso redor.

Com o coração inquieto, cantemos:[1]

---

[1] DR. Seu nome é Jesus Cristo. CD: *Canto das comunidades.* Paulinas-COMEP.

Seu nome é Jesus Cristo e passa fome
E grita pela boca dos famintos
E a gente quando vê passa adiante
Às vezes pra chegar depressa à igreja

Seu nome é Jesus Cristo e está sem casa
E dorme pelas beiras das calçadas
E a gente quando vê aperta o passo
E diz que ele dormiu embriagado

Entre nós está e não o conhecemos
Entre nós está e nós o desprezamos

Seu nome é Jesus Cristo e está doente
E vive atrás das grades da cadeia
E nós tão raramente vamos vê-lo

Dizemos que ele é um marginal
Seu nome é Jesus Cristo e anda sedento
Por um mundo de Amor e de Justiça
Mas logo que contesta pela Paz
A ordem o obriga a ser de guerra

Entre nós está e não o conhecemos
Entre nós está e nós o desprezamos

2. ORAÇÃO

Senhor, Deus de Misericórdia, vós nos chamais para sermos vossos discípulos e discípulas. Dai-nos sensibilidade com o próximo e coragem de assumirmos o caminho do amor, sobretudo com os que mais necessitam, como vós fizestes. Amém.

3. SÍMBOLOS

Vamos conversar sobre os símbolos:

- Observando as imagens dos dois lados da Bíblia, o que mais me tocou? Por quê?

4. INTRODUÇÃO À LEITURA

Com a parábola de Mt 25,31-45, o evangelista Mateus encerra a vida pública de Jesus. Essa é a mensagem final que Jesus Cristo nos deixa, como um testamento, antes de partir. É um discurso escatológico, ou seja, do fim dos tempos, apresentando o juízo final.

Na Bíblia, o julgamento é a revelação de nossa verdade diante de Deus, sem máscaras. Porém esse juízo final não é algo que acontecerá somente após a morte, mas se inicia já, agora, como veremos. Vamos acolher o Evangelho cantando:[2]

5. CANTO DE ACLAMAÇÃO DA PALAVRA

Toda palavra de vida é Palavra de Deus.
Toda ação de liberdade é a divindade agindo entre nós,
É a divindade agindo entre nós.

Boa-Nova em nossa vida, Jesus semeou.
O Evangelho em nosso peito é chama de amor. (bis)

---

[2] ZÉ VICENTE. Boa-Nova em nossa vida. CD: *Festa dos pequenos.* Paulinas--COMEP. Partitura disponível em: <http://www.paulinas.org.br/pub/partitura/P1160170116.pdf>. Acesso em: 12 out. 2015.

6. LEITURA: Mt 25,31-46

7. VER O TEXTO DE PERTO

Jesus, ao ser chamado com o título "Filho do Homem", na parábola sobre o julgamento final, estabelece uma relação entre sua encarnação humana e sua divindade (cf. Dn 7,13-14). Assim, podemos nos perguntar:

- Como o "Filho do Homem" vai realizar o julgamento?
- Na parábola, quem eram os benditos e quem eram os malditos?
- Quem são os irmãos mais pequeninos do Pai?

8. CANTO

Entre nós está e não o conhecemos
Entre nós está e nós o desprezamos

9. TRAZER O TEXTO PARA PERTO DE NÓS

O papa nos conclama a refletir sobre as *obras de Misericórdia corporal e espiritual*. "Será uma maneira de acordar a nossa consciência, muitas vezes adormecida perante o drama da pobreza, e de entrar cada vez mais no coração do Evangelho, onde os pobres são os privilegiados da Misericórdia divina. A pregação de Jesus apresenta-nos estas obras de Misericórdia, para podermos perceber se vivemos ou não como seus discípulos".[3]

---
[3] PAPA FRANCISCO. *Misericordiae Vultus* (O Rosto da Misericórdia). Bula de Proclamação do Jubileu Extraordinário da Misericórdia. São Paulo: Paulinas, 2015. § 15.

Dentre as obras de *Misericórdia corporal* o papa destaca: "dar de comer aos famintos, dar de beber aos sedentos, vestir os nus, acolher os peregrinos, dar assistência aos enfermos, visitar os presos, enterrar os mortos. E não esqueçamos as obras de *Misericórdia espiritual*: aconselhar os indecisos, ensinar os ignorantes, admoestar os pecadores, consolar os aflitos, perdoar as ofensas, suportar com paciência as pessoas molestas, rezar a Deus pelos vivos e defuntos".[4]

- Diante dessa reflexão sobre as obras de Misericórdia corporal e espiritual, quais são os apelos que o papa nos faz?

- Olhando ao nosso redor, na realidade social em que vivemos: quem são os irmãos e as irmãs mais pequeninos do Pai? Quais são os gestos de solidariedade que nós e a nossa comunidade somos chamados a realizar com os que sofrem?

- Como realizar concretamente as obras de Misericórdia espiritual, tais como: aconselhar os indecisos, ensinar os ignorantes, admoestar os pecadores, consolar os aflitos, suportar com paciência as pessoas molestas, conforme nos exorta o papa?

---
[4] Ibid., § 15.

10. ORAÇÃO QUE BROTA DA PALAVRA

Rezemos espontaneamente o Sl 1:

Bem-aventurado o homem que não anda
no conselho dos ímpios,
não se detém no caminho dos pecadores,
nem se assenta na roda dos zombadores.

Mas o seu prazer está na lei do Senhor
e recita dia e noite a sua lei.
Ele é como árvore plantada junto à corrente
de águas,
que, no devido tempo, dá o seu fruto
e cuja folhagem não murcha;
e tudo quanto ele faz será bem-sucedido.

Os ímpios não são assim;
são como palha que o vento dispersa.
Por isso os ímpios não ficarão em pé no julgamento,
nem os pecadores, na assembleia dos justos.
Pois o Senhor conhece o caminho dos justos,
Mas o caminho dos ímpios perecerá.

11. NOSSO COMPROMISSO COM A PALAVRA

À luz do texto de Mt 25,31-46 e dos apelos do papa sobre as obras de Misericórdia corporais e espirituais, qual gesto concreto podemos assumir?

12. CANTO FINAL[5]

Toda palavra de vida é Palavra de Deus.
Toda ação de liberdade é a divindade agindo entre nós!
É a divindade agindo entre nós!

Boa-Nova em nossa vida, Jesus semeou.
O Evangelho em nosso peito é chama de amor. (bis)

Todo grito de justiça que sobe do chão,
É clamor e profecia que Deus anuncia para a conversão
Que Deus anuncia para a conversão.

Aleluia, aleluia! Bendita palavra que faz libertar. (bis)

13. LEMBRETE

Ler o texto de aprofundamento do oitavo encontro "A presença de Jesus dissipa o medo" e Jo 20,19-23, providenciar o material solicitado.

---

[5] ZÉ VICENTE. Boa-Nova em nossa vida. CD: *Festa dos pequenos*. Paulinas-COMEP. Partitura disponível em: <http://www.paulinas.org.br/pub/partitura/P1160170116.pdf>. Acesso em: 12 out. 2015.

Texto de Aprofundamento para o 8º Encontro

A presença de Jesus dissipa o medo

O texto do Evangelho segundo Jo 20,19-23 fala da aparição de Jesus aos discípulos depois da sua ressurreição. Maria Madalena já havia estado no sepulcro e, ao encontrar a pedra removida, foi chamar Pedro e João, que entraram no túmulo, viram o sudário, faixas de linho e creram. Depois, Jesus apareceu a Maria Madalena no jardim. O nosso texto fala que Jesus apareceu aos discípulos reunidos numa sala.

Os discípulos estavam trancados numa sala por medo dos judeus, pois os seus chefes entregaram Jesus a Pilatos, que o mandou torturar e crucificar. Por isso eles ficaram amedrontados, pois o mesmo poderia acontecer com eles por serem seus discípulos. O medo paralisou-os trancados numa sala, isolados da comunidade. Mas esse cenário mudou de repente com a presença de Jesus Crucificado e Ressuscitado. O medo, a tensão e a tristeza dos discípulos se transformaram em alegria, como Jesus lhes havia predito na despedida: "Ficareis tristes, mas a vossa tristeza se transformará em alegria" (Jo 16,20). Jesus saudou-os duas vezes com a Paz: "A Paz esteja convosco". Agora sim tinham condições de acolher as Palavras de Deus. Deu-lhes o envio, soprando sobre eles e dando-lhes o poder de perdoar e/ou reter os pecados (v. 23).

O que Jesus quis dizer com "reter" os pecados? Ele quis dizer que os discípulos podem negar o perdão dos pecados a alguém: quando a pessoa não está arrependida do que fez, quando a pessoa não está em sã consciência do que está pedindo. Quer dizer: a pessoa que está sob pressão ou sem disposição para mudar de vida não está assumindo livre e conscientemente o seu ato de confessar os seus pecados e não está disposta a mudar a sua ação. Não é Jesus ou os seus discípulos, e hoje o presbítero, que não quer perdoar, mas naquele momento a pessoa não tem ainda as condições de assumir uma nova atitude de vida. Ela pode preparar-se com a ajuda de alguém ou do próprio confessor para celebrar o perdão de Deus por meio do sacramento. Deus não nos obriga a nada, mas nos convida e nos acolhe sempre que necessitarmos do seu perdão.

O Papa Francisco convida-nos a acreditar no sacramento da reconciliação "porque permite tocar sensivelmente a grandeza da Misericórdia. Será, para cada penitente, fonte de verdadeira Paz interior. Não me cansarei jamais de insistir com os confessores para que sejam um verdadeiro sinal da Misericórdia do Pai".[1] É um apelo insistente do papa para que todos os cristãos sintam-se impelidos a se reconciliar com Deus, consigo mesmos, com os outros, com o universo, porque o Pai é misericordioso: quer que seus filhos e suas filhas vivam em Paz, como disse Jesus, no texto do Evangelho segundo

---

[1] PAPA FRANCISCO. *Misericordiae Vultus* (O Rosto da Misericórdia). Bula de Proclamação do Jubileu Extraordinário da Misericórdia. São Paulo: Paulinas, 2015. § 17.

João, por duas vezes, a seus discípulos e, hoje, a nós: "A Paz esteja convosco".

O papa insiste, ainda, para "que a palavra do perdão possa chegar a todos, e a chamada para experimentar a Misericórdia não deixe ninguém indiferente. O meu convite à conversão dirige-se, com insistência ainda maior, àquelas pessoas que estão longe da graça de Deus pela sua conduta de vida. Penso de modo particular nos homens e mulheres que pertencem a um grupo criminoso, seja ele qual for. Para vosso bem, peço-vos que mudeis de vida. Peço-vo-lo em nome do Filho de Deus que, embora combatendo o pecado, nunca rejeitou qualquer pecador [...] O mesmo convite chegue também às pessoas fautoras ou cúmplices de corrupção. [...]".[2] O apelo do Papa Francisco é o apelo de verdadeiro pai que carrega os sentimentos e o desejo do Pai celeste, que ama seus filhos e suas filhas, deseja que convivam em Paz e felizes consigo, com os outros, com Deus e com a natureza.

O Papa Francisco chama de praga a corrupção porque ela mina as bases das pessoas e da sociedade. Os corruptos, pela sua avidez e ganância, tiram as esperanças de um futuro melhor, destroem os projetos em favor dos mais pobres e fracos, e sempre esmagam os mais pobres, que já não têm voz nem vez na sociedade.

---

[2] Ibid., § 19.

8º Encontro

PERDOAR OU RETER OS PECADOS?

PREPARAÇÃO DO AMBIENTE

Colocar um pano e sobre ele a Bíblia aberta em destaque, ao lado uma vela acesa, uma flor ou folhagem. Recortar figuras de jornais ou revistas que retratem a realidade e em meio a esses recortes colocar postais ou estampas de Jesus, que veio para transformar essa realidade e trazer a Paz.

1. ACOLHIDA E CANTO

Irmãs e irmãos, boas-vindas ao nosso oitavo encontro. É uma grande alegria contar com a sua presença. Hoje refletiremos sobre o texto do Evangelho segundo João que narra a aparição de Jesus aos discípulos depois da sua ressurreição. Jesus entrou na sala onde eles estavam trancados com medo dos judeus e lhes disse "A Paz esteja convosco". Jesus tirou o medo e trouxe a Paz e a alegria para aqueles homens, e elas chegaram até nós. Vamos partilhá-las dando-nos o abraço de acolhida e cantando:[1]

A Paz esteja comigo
A Paz esteja contigo
A Paz esteja com ele, com ela,
com todos os irmãos

Como Jesus pediu
Como Jesus orou
Como Jesus nos ensinou

Paz, Paz, Paz na nossa Igreja
Paz na terra em toda parte e assim seja (2x)

Paz pra você que tem Jesus no coração
Paz pra você que é meu amigo e meu irmão (2x)

2. ORAÇÃO

Pai de bondade e de Misericórdia, que nos enviastes Jesus, o vosso Filho querido, para ensinar-nos a amar de verdade, perdoando-nos mutuamente. Ao nos deixar o sacramento da Penitência, convida-nos a testemunhar o vosso amor fiel. Dai-nos reconhecer os nossos pecados e confessá-los com humildade, para receber o vosso perdão. Isso vos pedimos, ó Pai, por meio de Jesus Cristo, vosso Filho amado, movidos pelo Espírito Santo. Amém!

---

[1] PE. ZEZINHO. A paz esteja contigo. CD: *Fazedores da paz* (missa). Paulinas--COMEP. Partitura disponível em: <http://www.paulinas.org.br/pub/partitura/P1201620105.pdf>. Acesso em: 12 out. 2015.

3. SÍMBOLOS

- Observar os símbolos que estão à nossa frente.
- Qual dos símbolos chamou mais a sua atenção e o que ele fala para você?
- Há alguma figura que retrata a realidade do meu bairro ou cidade?

4. INTRODUÇÃO À LEITURA

O Evangelho segundo João hoje nos convida a refletir sobre a aparição de Jesus em meio aos discípulos reunidos numa sala com as portas trancadas, por medo dos judeus. Na verdade, eles tinham medo de morrer, pois, como discípulos de Jesus, sentiam-se ameaçados. Vocês imaginem Jesus entrando e se colocando no meio deles! Ele se apresentou, foi reconhecido por eles, e duas vezes lhes disse "A Paz esteja convosco". Eles ficaram muito alegres! Jesus soprou sobre eles, receberam o envio, o Espírito Santo e a missão de perdoar ou reter pecados.

Vamos aclamar a Palavra, cantando:

5. CANTO DE ACLAMAÇÃO DA PALAVRA[2]

Vem, vem, vem Espírito Santo de amor, vem a nós,
Traz à Igreja um novo vigor!

---
[2] TURRA, Luiz. Súplica ao Espírito Santo. CD: *Vozes e Mantras*. Paulinas/COMEP.

6. LEITURA: Jo 20,19-23

7. VER O TEXTO DE PERTO

- Alguém gostaria de fazer um resumo do texto lido?
- Na leitura do texto, o que mais chamou sua atenção? Justifique.
- Nós encontramos dificuldade para perdoar? Em quais circunstâncias?
- O que se entende por perdoar ou reter os pecados?

8. CANTO[3]

A vossa Palavra, Senhor, é sinal de interesse por nós (bis).

9. TRAZER O TEXTO PARA PERTO DE NÓS

- O que caracteriza a Paz, além da ausência de guerra, briga, cobiça...?
- Na minha família ou comunidade, como eu contribuo para promover a Paz?
- Dou valor ao sacramento da Penitência? Justifique.

---

[3] Id. A vossa Palavra, Senhor. CD: *Palavra de vida;* cantos bíblicos. Paulinas-COMEP. Partitura disponível em: <http://www.paulinas.org.br/pub/partitura/P1175010107.pdf>. Acesso em: 12 out. 2015.

10. ORAÇÃO QUE BROTA DA PALAVRA

Depois de refletir e partilhar sobre o texto segundo João, sentimo-nos motivados a fazer a Deus o nosso pedido de perdão espontâneo e de nos reconciliar com nós mesmos, com as pessoas que convivem conosco, no trabalho, na comunidade. *(Pausa para as preces espontâneas em voz alta.)* Participaremos de cada prece cantando: Piedade, piedade, piedade de nós!

Animador(a): Após o pedido de perdão, rezemos o Sl 51(50)

Lado 1: Tem piedade de mim, ó Deus, por teu amor! Apaga minhas transgressões por tua grande compaixão!

Lado 2: Lava-me inteiro da minha iniquidade e purifica-me do meu pecado!

Todos: Piedade, piedade, piedade de nós!

Lado 1: Pois reconheço minhas transgressões e diante de mim está sempre o meu pecado;

Lado 2: Pequei contra ti, contra ti somente, pratiquei o que é mau aos teus olhos.

Todos: Piedade, piedade, piedade de nós!

Lado 1: Eis que amas a verdade e me ensinas a sabedoria no segredo!

Lado 2: Purifica-me do pecado com o hissopo e ficarei puro, lava-me e ficarei mais branco do que a neve.

Todos: Piedade, piedade, piedade de nós!

Lado 1: Ó Deus, cria em mim um coração puro, renova um espírito firme no meu peito.

Lado 2: Devolve-me o júbilo da tua salvação e que um espírito generoso me sustente. Ensinarei teus caminhos aos rebeldes, para que os pecadores voltem a ti.

Todos: Piedade, piedade, piedade de nós!

11. NOSSO COMPROMISSO COM A PALAVRA

O que vocês propõem para a nossa vivência a partir deste encontro? Qual compromisso podemos assumir como grupo?

12. CANTO FINAL

Paz, Paz de Cristo! Paz, Paz que vem do amor te desejo irmão! (Ou outro à escolha.)

13. LEMBRETE

Ler o texto de aprofundamento do nono encontro "Maria: Mãe da Misericórdia", os textos bíblicos de Lc 1,46-55 e Jo 19,25-27, e providenciar o material solicitado.

Texto de Aprofundamento para o 9º Encontro

Maria: a Mãe da Misericórdia

O Papa Francisco menciona Maria e afirma que o seu canto "foi dedicado à Misericórdia que se estende de 'geração em geração'".[1] Por isso aprofundaremos Lc 1,46-55.

O *Magnificat* é um canto de agradecimento, desde o agir salvífico de Deus na história de Israel até o envio do seu Filho, Jesus Cristo.

O canto começa proclamando a grandeza do Senhor, ao sintetizar as maravilhas que ele realizou em Maria, e a Misericórdia divina, que abarca toda a História, todo o tempo (sempre) e toda a humanidade (de geração a geração).

No v. 47, Deus é nomeado como o Salvador. Esse título no Antigo Testamento está relacionado com as ações realizadas por Deus na história, sobretudo quando ele liberta o seu povo (Is 45,15.21) e na criação. No período pós-exílico, foi vinculado à Era Messiânica (Is 45,17; 49,6; 62,1). No Evangelho segundo Lucas, refere-se à realização, por meio de Jesus Cristo, das promessas feitas no Antigo Testamento (Lc 2,11).

---

[1] PAPA FRANCISCO. *Misericordiae Vultus* (O Rosto da Misericórdia). Bula de Proclamação do Jubileu Extraordinário da Misericórdia. São Paulo: Paulinas, 2015. § 24.

Maria, no v. 48, apresenta o motivo do seu louvor a Deus: o olhar de Deus para a sua humildade. Essa expressão nos remete à anunciação (Lc 1,38) e reafirma a atitude dessa mulher, totalmente disponível ao dom de Deus. Maria é a representante tanto dos pobres do Senhor, que são aqueles que colocam a sua confiança em Deus, por acreditarem na sua gratuidade, como de Israel, que é resgatado por Deus ao enviar o Messias, manifestando a sua potência e Misericórdia.

Dentro do Evangelho segundo Lucas Maria é "bem--aventurada" por causa da maternidade (Lc 1,42; 11,27; Gn 30,13), por acreditar e praticar a Palavra de Deus (Lc 1,45; 11,28) e por experimentar e participar da instauração do Reinado iniciado com Jesus (Lc 6,20-23; cf. Sl 72,17 e Ml 3,12). Esses elementos também estão presentes na expressão "fez para mim coisas grandiosas" no v. 49 (cf. Lc 1,35.37).

A centralidade do canto está na expressão "Misericórdia de Deus" e "santo é o seu nome". O termo "nome" indica a presença de Deus, que se volta ao ser humano, como acontece na revelação de Deus a Moisés (Ex 3, 13-15), e está relacionado com a benevolência e a potência divina manifestadas na libertação de Israel. Por sua vez, "santo" é um atributo divino, indica o agir de Deus de forma prodigiosa e com potência contra os inimigos e o seu agir misericordioso (Is 41,8-20; Sl 99).

A palavra "Misericórdia" pode ser traduzida também por "bondade" ou "fidelidade"; ela perpassa toda a história da salvação e se revela em Jesus Cristo (Rm 9,23).

Nos vv. 51-53 temos três categorias, que são vistas de forma negativa: os soberbos, os poderosos e os ricos. Para o evangelista, os soberbos são aqueles que não têm uma justa relação com Deus por terem a pretensão de serem superiores; não reconhecem seus pecados; não aceitam a soberania divina nem se abandonam totalmente à sua graça. A arrogância está enraizada na sede da vida intelectual, emocional e da vontade (cf. v. 51 e a palavra "coração"). Eles são incapazes de reconhecer Deus como Criador e Senhor.

Os poderosos são aqueles que possuem autoridade política e econômica. No terceiro Evangelho são os que se comportam inadequadamente com o outro, explorando-o e dominando-o (Lc 22,25-26). Por isso se contrapõem aos humildes, que estão totalmente a serviço do outro.

Os ricos, embora este seja um termo do campo social, mostram a relação imprópria com os bens (Lc 12,16-21; 16,13).

Essas três categorias de pessoas são vistas de forma negativa porque não se abrem à Misericórdia de Deus a fim de restaurar sua Aliança com ele e com os outros.

Os vv. 54-55 descrevem a relação existente entre Deus e Israel, que é uma relação de Aliança. Eles unem a Misericórdia, a promessa dada aos pais, a Abraão e sua descendência (cf. Gn 12,2-3; 18,18; 22,18; 26,4; 28,14) e lhe recordam uma história marcada pela fidelidade de Deus. Essa história tem o seu ápice na entrega de seu Filho, que conduzirá a História à sua plenitude.

No final do canto é estabelecida uma relação entre Maria e Abraão: do mesmo modo que por meio da fé (Rm 4,20-22) Abraão torna-se o pai de todos, servo de Deus, e com ele se inicia a Antiga Aliança entre Deus e Israel, assim também Maria, que, ao crer na promessa do anjo, torna-se a fiel filha de Abraão, serva de Deus, a mãe de todos nós, no seguimento de Jesus, e com ela começa a nova e definitiva Aliança entre Deus e todas as nações.

O Papa Francisco, ao denominar Maria Mãe da Misericórdia, além do *Magnificat*, menciona a cena de Maria ao pé da cruz, com o discípulo amado e outras mulheres (Jo 19,25-27); ela é testemunha do perdão ilimitado do Filho de Deus, que suporta na sua carne o dramático encontro entre o pecado do mundo e a Misericórdia divina.

9º Encontro

MAGNIFICAT: O CANTO DA MISERICÓRDIA DIVINA

PREPARAÇÃO DO AMBIENTE

Colocar em destaque a Bíblia, velas acesas, e providenciar uma gravura ou imagem de Nossa Senhora.

1. ACOLHIDA E CANTO

Irmãs e irmãos, com alegria meditaremos o canto de agradecimento de Maria pelo amor misericordioso de Deus, que perpassa toda a História da Salvação, e a presença de Nossa Senhora no ato do supremo perdão do seu Filho, no momento da sua Paixão e crucificação, testemunhando que a Misericórdia de Jesus não tem limites e não exclui ninguém.

Saudemos Maria, a Mãe da Misericórdia, cantando.[1]
(Neste momento alguém pode entrar com a gravura ou a imagem de Nossa Senhora.)

Imaculada, Maria de Deus,
Coração pobre, acolhendo Jesus!
Imaculada, Maria do povo,
Mãe dos aflitos que estão junto à cruz!

Um coração que era sim para a vida,
um coração que era sim para o irmão,
um coração que era sim para Deus,
Reino de Deus renovando este chão!

Olhos abertos pra sede do povo,
passo bem firme que o medo desterra.
Mãos estendidas que os tronos renegam,
Reino de Deus que renova esta terra.

Faça-se, ó Pai, vossa plena vontade,
que os nossos passos se tornem memória.
Do amor fiel que Maria gerou:
Reino de Deus atuando na história.

2. ORAÇÃO

Maria, Mãe do Filho de Deus, ajudai-nos a compor o canto da Misericórdia e da fidelidade de Deus presente na nossa vida, na nossa comunidade e na nossa História. "Mãe da Misericórdia, vos pedimos que nunca vos can-

---

[1] THOMAZ FILHO, J.; FREI FABRETTI. Imaculada, Maria do Povo. CD: *Maria peregrina com o povo;* Nossa Senhora da Libertação. Paulinas-COMEP. Partitura disponível em: <http://www.paulinas.org.br/pub/partitura/P1187370108.pdf>. Acesso em: 12 out. 2015.

seis de volver para nós os vossos olhos misericordiosos e fazei-nos dignos de contemplar o rosto misericordioso do vosso Filho Jesus".[2] Amém.

3. INTRODUÇÃO À LEITURA

O *Magnificat* é um canto de louvor pelo agir misericordioso de Deus. Vamos preparar o nosso coração para acolher a proclamação do canto de Maria em Lc 1,46-55, e a sua presença ao pé da cruz em Jo 19,25-27, cantando:

4. CANTO DE ACLAMAÇÃO DA PALAVRA

Misericordioso é Deus, sempre, sempre eu cantarei (bis).

5. LEITURA: Lc 1,46-55 E Jo 19,25-27

As leituras podem ser intercaladas com o refrão: *Misericordioso é Deus, sempre, sempre eu cantarei* (bis).

6. VER O TEXTO DE PERTO

- Como Maria apresenta Deus no *Magnificat*? Onde você percebe, no *Magnificat*, a ação de Deus na História?
- Como podemos entender Lc 1,50-53?

---

[2] PAPA FRANCISCO. *Misericordiae Vultus* (O Rosto da Misericórdia). Bula de Proclamação do Jubileu Extraordinário da Misericórdia. São Paulo: Paulinas, 2015. § 24.

- Qual é a imagem de Maria apresentada nesse canto de louvor?
- Qual é a atitude de Maria e de Jesus em Jo 19,25-27?
- Qual a relação existente entre o canto de Maria em Lc 1,46-55 e Jo 19,25-27?

7. CANTO

Refrão anterior ou outro canto à escolha.

8. TRAZER O TEXTO PARA PERTO DE NÓS

- Como é o agir de Deus na nossa vida? Como ele age e se manifesta hoje?
- Se hoje escrevêssemos um canto de agradecimento, o que diríamos de Deus? Quais acontecimentos destacaríamos?
- Conhecemos alguém na nossa comunidade, na América Latina ou no mundo que testemunha ou testemunhou a Misericórdia de Deus como Jesus no momento da sua Paixão e crucificação?

9. ORAÇÃO QUE BROTA DA PALAVRA

(Pode-se escolher um refrão conhecido, do Magnificat, *ou cantar no início e no fim da oração que segue o refrão* O Senhor fez em mim maravilhas, santo é o seu nome.[3])

Vamos rezar esta oração elaborada pelo Papa Francisco,[4] recordando de Maria, a Mãe da Misericórdia, intercalando:

Lado 1: Virgem e Mãe Maria, vós que, movida pelo Espírito, acolhestes o Verbo da vida na profundidade da vossa fé humilde, totalmente entregue ao Eterno, ajudai-nos a dizer o nosso "sim" perante a urgência, mais imperiosa do que nunca, de fazer ressoar a Boa-Nova de Jesus.

Lado 2: Vós, cheia da presença de Cristo, levastes a alegria a João, o Batista, fazendo-o exultar no seio de sua mãe. Vós, estremecendo de alegria, cantastes as maravilhas do Senhor. Vós, que permanecestes firme diante da cruz com uma fé inabalável, e recebestes a jubilosa consolação da ressurreição, reunistes os discípulos à espera do Espírito para que nascesse a Igreja evangelizadora.

Lado 1: Alcançai-nos agora um novo ardor de ressuscitados para levar a todos o Evangelho da vida que vence a morte. Dai-nos a santa ousadia de buscar novos

---

[3] GELINEAU, J. *O Senhor fez em mim maravilhas*.
[4] PAPA FRANCISCO. *Evangelii Gaudium* (A Alegria do Evangelho). Ao episcopado, ao clero, às pessoas consagradas e aos fiéis leigos sobre o Anúncio do Evangelho no mundo atual. São Paulo: Paulinas, 2015. § 288.

caminhos para que chegue a todos o dom da beleza que não se apaga.

Lado 2: Vós, Virgem da escuta e da contemplação, Mãe do amor, esposa das núpcias eternas intercedei pela Igreja, da qual sois o ícone puríssimo, para que ela nunca se feche nem se detenha na sua paixão por instaurar o Reino.

Todos: Estrela da nova evangelização, ajudai-nos a refulgir com o testemunho da comunhão, do serviço, da fé ardente e generosa, da justiça e do amor aos pobres, para que a alegria do Evangelho chegue até os confins da terra e nenhuma periferia fique privada da sua luz. Mãe do Evangelho vivente, manancial de alegria para os pequeninos, rogai por nós. Amém. Aleluia!

10. NOSSO COMPROMISSO COM A PALAVRA

Durante a semana somos convidados a escrever o *Magnificat*, um canto de louvor a Deus, destacando quais foram os momentos significativos do agir misericordioso de Deus na sua história ou na história da comunidade.

11. CANTO FINAL[5]

Santa Mãe Maria, nessa travessia,
cubra-nos teu manto cor de anil.
Guarda nossa vida, Mãe Aparecida,
Santa Padroeira do Brasil

Ave, Maria! Ave, Maria! (bis)

Mulher peregrina, força feminina,
a mais importante que existiu.
Com justiça queres que nossas mulheres
sejam construtoras do Brasil.

Com seus passos lentos enfrentando os ventos
quando sopram noutra direção.
Toda a Mãe Igreja pede que tu sejas
companheira de libertação.

12. LEMBRETE

Para a celebração de encerramento, verificar o material solicitado e escolher os(as) leitores(as).

---

[5] SANTANA, José Acácio. Caminhando com Maria. CD: *Tua palavra permanece!* Partitura disponível em: <http://www.paulinas.org.br/pub/partitura/P1200900114.pdf>. Acesso em: 12 out. 2015.

Celebração de encerramento

LOUVEMOS A DEUS POR SUA MISERICÓRDIA

PREPARAÇÃO DO AMBIENTE

Colocar em lugar de destaque a Bíblia, velas acesas e flores. Providenciar uma mesa pequena, uma vasilha de vidro com água, toalha branca para a mesa, toalha para as mãos e um óleo perfumado *(conforme o número de participantes, estes materiais devem ser duplicados ou triplicados).*

ACOLHIDA

Irmãos e irmãs, bem-vindos à nossa celebração. Vamos nos acolher mutuamente, cantando:

Seja bem-vindo, olê lê!
Seja bem-vinda, olá lá!
Paz e bem pra você que veio participar.

Animador(a): Celebremos a nossa caminhada neste Ano Jubilar e o percurso realizado durante os encontros,

105

nos quais refletimos e rezamos vários textos bíblicos, tendo como tema a Misericórdia de Deus. Como diz o Papa Francisco: "Misericórdia é a palavra que revela o mistério da Santíssima Trindade". Conscientes desse mistério, invoquemos a Trindade, que nos reúne em nome do Pai, do Filho e do Espírito Santo. Amém! *(Pode ser cantado.)*

Oração: Bendito sejais vós, Pai misericordioso, que não cansais de revelar vosso amor compassivo. Senhor Jesus Cristo, ensinai-nos a sermos misericordiosos como o Pai e dai-nos o vosso Espírito Santo, para que assumamos corajosamente a missão de ser missionários da Misericórdia.

Todos: Amém!

Animador(a): No início desta celebração, façamos uma breve recordação do tempo que passamos juntos meditando e vivenciando a manifestação da Misericórdia divina. Vamos agradecer a Deus por tudo que realizou na nossa vida durante esse tempo e pela revelação da sua bondade no nosso meio, na nossa comunidade. Espontaneamente somos convidados a apresentar nossa ação de graças e intercalar com o canto:[1]

---

[1] TURRA, Luiz. Por tudo dai graças. CD: *Palavras sagradas de Paulo Apóstolo*. Partitura disponível em: <http://www.paulinas.org.br/pub/partitura/P1195040102.pdf>. Acesso em: 12 out. 2015.

Por tudo dai graças, por tudo dai graças! Dai graças por tudo, dai graças!

(Momento de ação de graças.)

Leitor 1: O Sl 103 faz ressoar o amor de Deus quando proclama que é ele quem perdoa as tuas culpas e cura as tuas enfermidades. É ele quem resgata a tua vida do túmulo e te enche de graça e ternura (vv. 3-4). Diante dessa certeza constatamos que nem sempre somos fiéis ao amor de Deus, nem somos misericordiosos como o Pai. Neste momento somos convidados a rever a nossa caminhada à luz da exortação do Apóstolo Paulo em Rm 12,1-21.

Leitor 2: Leitura de Rm 12,1-21 *(Após a leitura, fazer um momento de silêncio para acolher o texto bíblico.)*

Animador(a): Podemos partilhar com a pessoa ao nosso lado, ou no grupo, as seguintes perguntas: qual aspecto dessa exortação de Paulo mais me chamou a atenção? Por quê?

(Momento de partilha.)

Canto: Misericordioso é Deus, sempre, sempre eu cantarei!

Leitor 1: O texto que ouvimos e partilhamos nos convoca a reavaliar nossa relação com Deus, com o outro, com nosso irmão ou irmã de comunidade e com nós mesmos. Em silêncio, peçamos perdão a Deus pelos nossos pecados, os pecados da nossa comunidade e os da nossa sociedade.

(Fazer um momento de silêncio; é recomendável colocar uma música instrumental para ajudar na interiorização.)

Animador(a): Cientes das nossas infidelidades ao amor de Deus, vamos nos aproximar destas vasilhas com água, pedindo ao Senhor que nos purifique dos nossos pecados.

(As pessoas também poderão mencionar espontaneamente um pecado para o qual desejam pedir perdão. Providenciar, com antecedência, as mesas, as vasilhas com água, toalhas para cobrir as mesas e para enxugar as mãos. O(A) animador(a) ou outra(s) pessoa(s) responsável(is) poderá(ão) organizar filas para as pessoas se aproximarem das vasilhas com água. Se for um grupo maior, duplicar o material e espalhá-lo em diferentes pontos no local da celebração.)

Durante este gesto de pedido de perdão cantemos:[2]

Canto 1: Banhados em Cristo, somos uma nova criatura.

---
[2] Poderá também ser cantado, de R. CARREIRA, Águas de misericórdia, presente no CD *Bem-aventurados os misericordiosos* (Paulinas-COMEP, 2015).

As coisas antigas já se passaram, somos nascidos de novo.

Aleluia, aleluia, aleluia! (bis)

Canto 2: Eu canto alegria, Senhor, de ser perdoado no amor!

Leitor 2: Diante da Misericórdia de Deus, que nos dá a certeza de "sermos amados para sempre, apesar da limitação do nosso pecado",[3] somos convidados a expressar espontaneamente a nossa fé a partir da nossa experiência com Deus, ou seja, professar nossa fé. *(Poderá ser intercalado com algum canto, como:* Eu sei, eu sei, eu sei, em quem acreditei, eu sei, eu sei, em quem acreditei,[4] *ou outro à escolha.)*

Leitor 3: Neste momento da nossa celebração, somos convidados a ungir o nosso irmão e a nossa irmã. O óleo no Batismo fortalece o(a) batizado(a) para enfrentar as dificuldades e os desafios que ele ou ela encontrará na sua caminhada como cristão. Ser ungido(a) também significa ser destinado(a) a uma missão. Assim, iremos

---

[3] PAPA FRANCISCO. *Misericordiae Vultus* (O Rosto da Misericórdia). Bula de Proclamação do Jubileu Extraordinário da Misericórdia. São Paulo: Paulinas, 2015. § 2.

[4] TURRA, Luiz. Eu sei em quem acreditei. CD: *Palavras sagradas de Paulo Apóstolo.* Paulinas-COMEP. Partitura disponível em: <http://www.paulinas.org.br/pub/partitura/P1195040113.pdf>. Acesso em: 12 out. 2015.

ungir uns aos outros e desejar que essa pessoa seja uma missionária da Misericórdia. Enquanto isso, cantemos:[5]

Levantarei meu olhar aos montes.
De onde o auxílio virá.
Deus é a força de quem tem fé.
Misericórdia ele é.

Quando erramos, ele é por nós.
Mostra-nos o colo do Pai.
Com seu sangue libertador.
Livra do mal e da dor.

*Bem-aventurados os misericordiosos,
porque eles alcançarão Misericórdia.*

Sem seu perdão quando eu cair,
Quem poderá me levantar?
Se Deus perdoa, quem somos nós
para não perdoar?

O sangue de Cristo nos resgatou.
Ele ressuscitou!
Grite pro mundo inteiro ouvir.
Jesus Cristo é o Senhor.

Deixa o teu medo e tem fé.
Um novo tempo virá.
Cristo está vivo: vivo entre nós!
É, um dia ele voltará!

---

[5] BLYCHARZ, Jakub. Versão: Pe. Zezinho, Pe. Joãozinho e Jonas Rodrigues. Bem--aventurados os misericordiosos. CD: *Bem-aventurados os misericordiosos*. Disponível em: <https://www.youtube.com/watch?v=5Abn_WZ4l8s>. Acesso em: 12 out. 2015.

Animador(a): Para finalizar nossa celebração, rezemos: Senhor Jesus Cristo, vós que nos ensinastes a sermos misericordiosos como o Pai celeste, mostrai-nos o vosso rosto e seremos salvos. Pois vós sois o rosto visível do Pai invisível, do Deus que manifesta sua onipotência, sobretudo com o perdão e a Misericórdia. Enviai o vosso Espírito e consagrai-nos a todos com a sua unção para que o Jubileu da Misericórdia seja um tempo de graça e a vossa Igreja possa, com renovado entusiasmo, levar aos pobres a alegre mensagem, proclamar aos cativos e oprimidos a libertação e, aos cegos, restaurar a vista.

Nós vo-lo pedimos por intercessão de Maria, Mãe da Misericórdia, a vós que viveis e reinais, com o Pai e o Espírito Santo, pelos séculos dos séculos. Amém!

BÊNÇÃO

Animador(a): O Senhor nos abençoe e nos guarde.

Todos: Amém!

Animador(a): O Senhor faça brilhar sobre nós a sua face e nos seja favorável!

Todos: Amém!

Animador(a): O Senhor dirija para nós o seu rosto e nos dê a Paz!

Todos: Amém!

Animador(a): Louvado seja nosso Senhor Jesus Cristo.

Todos: Para sempre seja louvado!

Impresso na gráfica da
Pia Sociedade Filhas de São Paulo
Via Raposo Tavares, km 19,145
05577-300 - São Paulo, SP - Brasil - 2016